UN GIL BLAS

EN

CALIFORNIE

PAR

ALEXANDRE DUMAS.

I

PARIS
ALEXANDRE CADOT, ÉDITEUR,
37, RUE SERPENTE.

1852

UN GIL BLAS EN CALIFORNIE.

Ouvrages de G. de La Landelle.

Le Morne aux Serpents. . . . . 2 vol.
Les Iles de Glace. . . . . 4 vol.
Une Haine à Bord . . . . 2 vol.
Les Princes d'Ébène . . . . 5 vol.

Sous presse

Le dernier des Flibustiers.
Falcar le Rouge.

Ouvrages de Xavier de Montépin.

Le Vicomte Raphaël. . . . . 5 vol.
Mignonne . . . . 2 vol.
Brelan de Dames . . . . 4 vol.
Le Loup noir. . . . . 2 vol.
Confessions d'un Bohême . . . . . . 5 vol.
Les Chevaliers du Lansquenet . . . . 10 vol.
Les Viveurs d'autrefois . . . . 4 vol.
Pivoine . . . . 2 vol.
Les Amours d'un Fou . . . . 4 vol

Sous presse.

Les Oiseaux de Nuit.
Mademoiselle Kérovan.

Ouvrages d'Alexandre Dumas fils.

Tristan le Roux. . . . . 3 vol.
La Dame aux camélias. . . . . 1 vol.
Aventures de quatre femmes . . . . . 6 vol.
Le docteur Servans . . . . 2 vol.
Le Roman d'une femme . . . . 4 vol.
Césarine . . . . 1 vol.

Sous presse.

Monsieur Théodore.
Henri de Navarre.
Les Amours véritables.

Impr. de E. Dépée, à Sceaux (Seine).

UN GIL BLAS

EN

CALIFORNIE

PAR

ALEXANDRE DUMAS.

1

PARIS
ALEXANDRE CADOT, ÉDITEUR,
37, RUE SERPENTE.

1852

Montmorency, 20 juillet 1851.

Mon cher éditeur,

Vous serez bien étonné, j'en suis sûr, lorsque, vous reportant au bout de cette lettre, vous verrez la signature de l'homme qui écrit le plus de livres, mais le moins de lettres, qu'il y ait au monde.

Tout vous sera expliqué lorsque vous verrez que cette lettre est accompagnée d'un gros volume intitulé : UNE ANNÉE SUR LES BORDS DU SACRAMENTO ET DU SAN-JOAQUIN.

Mais, me direz-vous, comment se peut-il, cher ami, que vous, que j'ai rencontré il y a huit jours à Paris, vous ayez pu, depuis huit jours, aller en Californie, y rester un an et en revenir ?

Lisez, mon cher, et tout vous sera expliqué.

Vous me connaissez : il n'y a pas d'homme à la fois plus voyageur et plus sédentaire que moi. Je sors de Paris pour faire trois ou quatre mille lieues, ou je reste dans ma chambre pour faire cent ou cent cinquante volumes.

Par extraordinaire, je pris, le 11 juillet dernier, la résolution d'aller passer deux ou trois jours à Enghien. Ne croyez pas que ce fût pour m'amuser le moins du monde. Dieu me garde d'avoir eu cette idée que je pouvais me passer une pareille fantaisie ! Non, j'avais à raconter dans mes Mémoires une scène qui s'était passée à Enghien, il y a vingt-deux ans, et je voulais, de crainte d'erreur, revoir des localités que je n'avais pas vues depuis cette époque.

Je savais bien qu'on avait découvert une source d'eau minérale à Enghien, comme on en a découvert une à Pierrefonds, comme on en a découvert une à Auteuil; mais j'ignorais complètement les changements que cette découverte avait produits et qu'Enghien était tout bonnement en train de devenir une grande ville, comme Genève, Zurich ou Lucerne, en attendant qu'il devînt un port de mer comme Asnières.

Je partis donc pour Enghien par le convoi de onze heures moins un quart du soir. A onze heures, j'étais à la station, et je demandais mon chemin pour aller de la station à Enghien.

Comprenez-vous, mon cher, un Parisien, ou ce qui est à peu près la même chose, un provincial qui habite Paris depuis vingt-cinq ans, et qui demande à la station d'Enghien le chemin d'Enghien !

Aussi l'employé auquel je m'adressais croyant, sans doute, que je voulais me moquer de lui, ce qui, je vous le jure, n'était aucunement dans mon intention ; aussi l'employé, sans se déranger, et avec cette politesse, bien connue qu'ont pour le public les gens qui dépendent du public ; aussi, dis-je, l'employé se contenta-t-il de me répondre :

— Remontez jusqu'au pont, et à droite.

Je le remerciai et remontai jusqu'au pont.

Arrivé au pont, je jetai les yeux à droite; mais que vis-je à droite? Une ville dont j'ignorais l'existence.

Ce n'était point ainsi que m'apparaissait Enghien.

Un immense étang, tout couvert de roseaux et d'herbes marécageuses, plein de canards, de judelles, de plongeons, de poules d'eau et de martins-pêcheurs, avec deux ou trois maisons sur une chaussée, voilà mon Enghien à moi, l'Enghien de mes souvenirs, l'Enghien où j'avais été chasser il y avait vingt-deux ans.

Je pris donc cette agglomération de maisons pour le faux Enghien, et je me mis à chercher le vrai.

— Remontez jusqu'au pont, et à droite.

A droite, il y avait un petit chemin, un chemin modeste, un chemin de piéton. Ce chemin-là devait nécessairement conduire à mon Enghien à moi.

Je pris ce chemin.

Il me conduisit à un champ fermé de tous côtés par des haies.

Dans mes idées, Enghien n'était pas encore monté au rang d'une ville, mais il n'était pas non plus descendu au niveau de l'herbe. Enghien n'était ni Babylone brûlée par Alexandre, ni Carthage détruite par Scipion. La charrue n'avait point passé sur Enghien, on n'avait pas semé le sel dans les sillons de la charrue, on n'avait pas suspendu les malédictions infernales sur l'emplacement maudit. Je n'étais donc pas à l'endroit où avait été Enghien.

Je revins sur mes pas : c'est la grande

ressource des voyageurs qui ont perdu leur chemin et des orateurs qui se sont fourvoyés dans leurs discours. Je revins sur mes pas, et je trouvai, à droite toujours, une espèce de pont de planches, qui me conduisit, j'allais dire à l'ombre, je me reprends, à l'obscurité d'une grande allée d'arbres, à travers le feuillage desquels il me semble, à ma gauche cette fois, voir trembler, sous le reflet d'un ciel nuageux, l'eau sombre de l'étang.

Je m'obstinais à appeler la pièce d'eau d'Enghien un étang ; j'ignorais qu'en diminuant de moitié elle fût devenue un lac.

Je continuai donc hardiment mon chemin. Du moment où je voyais l'eau, Enghien ne pouvait être loin.

Ce rapprochement du but de mon voyage m'était d'autant plus agréable, que l'eau commençait à tomber en gouttes assez serrées et que j'étais en petits souliers et en pantalon de nankin.

Je pressai le pas et marchai un quart d'heure à peu près. C'était bien long, même dans le vague de mes souvenirs; je ne comprenais pas cette absence complète de maisons; mais la constante présence de l'eau à ma gauche me rassurait.

Je ne me décourageai donc pas et continuai mon chemin.

Une éclaircie de feuillages se présentait à moi. Je me hâtai de l'atteindre, et alors je vis clair dans la topographie jusque-là assez embrouillée de mon voyage.

J'avais entrepris, sans m'en douter, de faire le tour du lac, et, parti de son extrémité sud, j'étais arrivé à son extrémité nord.

A l'autre bout de la pièce d'eau brillaient deux ou trois lumières me signalant le gisement de ces maisons que j'avais inutilement cherchées, et à ma droite et à ma gauche s'élevaient, aussi inattendues pour moi que ces décorations de théâtre qui arrivent au coup de sifflet du machiniste, des châteaux gothiques, des châlets suisses, des villas italiennes, des cottages anglais, et sur le lac, au lieu et place des canards, des plongeons, des judelles, des poules d'eau et des martins-pêcheurs, des milliers de points blancs sillonnant l'eau en tous sens, et qu'après un examen de quelques secondes, je reconnus pour être des cygnes.

Vous vous rappelez ce Parisien qui

paria traverser pieds nus sur la glace le grand bassin des Tuileries, et qui, étant arrivé à moitié, s'arrêta, disant : « Ma foi, c'est trop froid, j'aime mieux perdre mon pari, » et qui revint sur ses pas.

Je faillis faire comme lui; mais, soit bêtise, soit entêtement, je continuai mon chemin.

Puis, tout ce que l'on avait écrit de plaisanteries sur moi pour n'avoir pas pu faire le tour de la Méditerranée en 1834 me revint à l'esprit. Je pensai qu'on en écrirait bien davantage, si l'on savait que je n'avais pas pu faire le tour du lac d'Enghien en 1831, et, comme je l'ai dit, je me remis en route.

Je suivais le chemin circulaire qui enveloppe toute la nouvelle Venise; je ne pouvais donc pas m'égarer. Il fallait que je revinsse à mon point de départ, et pour revenir à mon point de départ, je devais nécessairement passer devant les maisons bâties sur la chaussée, et qui, pour moi, constituaient le seul, l'unique, le véritable Enghien.

Enfin, après un autre quart d'heure de marche, j'arrivai à cet Enghien tant désiré.

Une fois encore je crus m'être trompé,

tant cela ressemblait peu à mon Enghien de 1827; mais enfin, un fiacre passant, je m'informai à lui, et j'appris que j'étais arrivé au terme de mon voyage.

J'etais en face de l'hôtel Talma.

Parbleu ! c'était bien cela qu'il me fallait à moi, qui avais tant aimé et tant admiré le grand artiste.

J'allai donc frapper à l'hôtel Talma, où tout était fermé, depuis le soupirail de la cave jusqu'à la mansarde du grenier.

N'importe, cela me donnait le temps de philosopher.

Il n'était donc pas vrai que l'oubli fût chose absolue! Voilà donc un homme qui s'était souvenu de Talma et qui avait mis son établissement sous l'invocation de ce grand saint.

J'aurais mieux aimé, il est vrai, voir un monument élevé sur une de nos places au grand artiste qui pendant trente ans illustra la scène française qu'un hôtel bâti dans un village. Mais n'importe! Que voulez-vous? mieux vaut toujours, vingt-cinq ans après sa mort, avoir son nom inscrit sur la façade d'un hôtel que de n'avoir son nom inscrit nulle part.

Vous savez où est celui de Garrick,

mon cher ami, à Westminster, en face de celui du roi Georges IV.

Et c'est justice ; car, en vérité, l'un fut bien plus roi que l'autre.

J'allais donc coucher à l'hôtel Talma.

Cependant, comme on n'ouvrait pas, je frappai à la porte une seconde fois.

Un petit contrevent s'ouvrit, un bras parut, une tête passa.

Tête d'homme, mal coiffée et véritablement de mauvaise humeur.

Tête de cocher chargé, tête de conducteur d'omnibus complet.

Tête insolente, enfin.

— Que voulez-vous ? demanda la tête.

— Je demande une chambre, un lit et un souper.

— L'hôtel est plein, répondit la tête.

Et la tête disparut, et le bras tira le contrevent, qui se referma violemment, tandis que derrière lui la tête continuait de grommeler :

— Onze heures et demie ! une belle heure pour venir demander à souper et à coucher !

— Onze heures et demie ! répétai-je ; il

me semblait cependant que c'était l'heure de souper et de se coucher. Enfin, si l'hôtel Talma est plein, peut-être trouverai-je place dans un autre.

Et je me mis résolument en quête d'un souper, d'une chambre et d'un lit.

Devant moi, d'un immense bâtiment sortaient de grandes clartés et le son des instruments. Je m'approchai et je lus en lettres d'or : *Hôtel des Quatre-Pavillons.*

— Ah! me dis-je, c'est bien le diable si, dans ses quatre pavillons, ce magnifique hôtel n'a pas une chambre pour moi.

J'entrai : le rez-de-chaussée était splendidement éclairé, mais tout le reste demeurait dans l'obscurité la plus profonde.

Je cherchai à qui parler, mais inutilement : c'était bien pis que le palais de la Belle au Bois, où tout le monde dormait.

A l'hôtel des Quatre-Pavillons, il n'y avait personne, ni dormant, ni éveillé.

Il n'y avait que des gens qui dansaient et des musiciens qui les faisaient danser.

Je me hasardai jusqu'au corridor conduisant à la salle de danse, où je rencontrai quelque chose qui ressemblait à un domestique.

— Mon ami, lui demandai-je, pourrait-on avoir un souper, une chambre et un lit?

— Où cela? me demanda le domestique.

— Dame! ici.

— Ici?

— Sans doute; ne suis-je pas à l'hôtel des Quatre-Pavillons?

— Oh! oui, monsieur.

— Eh bien! vous n'avez pas de chambre?

— Oh! il y en aura, monsieur, plus de cent cinquante.

— Et quand cela?

— Quand il sera fini.

— Et il sera fini?

— Oh! quant à cela, monsieur, on ne sait pas. Mais si monsieur veut danser...

Je trouvai le *si monsieur veut danser* de l'hôtel des Quatre-Pavillons presque aussi impertinent que le *tout est plein* de l'hôtel Talma.

En conséquence je me retirai, cherchant un autre gîte.

Le seul dans lequel je pouvais conserver quelque espérance était l'hôtel d'Enghien. Un marchand de vin encore ouvert me l'indiqua. J'allai y frapper; mais l'hôtelier, cette fois, ne se donna pas même la peine de me répondre.

— Ah! dit le marchand de vin en secouant la tête, c'est son habitude, au père Bertrand, quand il n'y a plus de place dans son hôtel.

— Comment ! m'écriai-je, il ne répond pas ?

— Pourquoi faire, me dit le marchand de vin, puisqu'il n'a pas de place ?

Cela me parut si logique que je ne trouvai pas un mot à dire.

Je laissai tomber mes bras le long de mes cuisses et ma tête sur ma poitrine.

— Oh ! par exemple, murmurai-je, voilà ce que je n'eusse jamais cru... Pas de place à Enghien !...

Puis, relevant la tête :

— Et à Montmorency, en trouverai-je?

— Oh! de reste.

— Est-ce toujours le père Leduc qui tient l'hôtel du Cheval-Blanc?

— Non, mais son fils.

— Allons, me dis-je, le père était un aubergiste de la vieille roche; le fils, s'il a étudié sous son père, ce qui est probable, le fils doit savoir se lever à toutes les heures de la nuit, et trouver des chambres quand même il n'en aurait pas.

Et par cette même pluie, qui de fine

était devenue battante, je m'acheminai vers Montmorency.

De cet autre côté du railway, tout était resté stationnaire et dans l'état où je l'avais connu autrefois. C'était bien le chemin classique que j'avais suivi il y a vingt ans, longeant son mur, traversant les champs, s'élargissant sous l'ombre d'un groupe de noyers; enfin, contournant la ville sur ces charmantes petites pierres pointues qui semblent fournies à la municipalité par les loueuses d'ânes, afin de mettre le voyageur dans l'impossibilité d'aller à pied.

Je reconnus la montée rapide, je reconnus la halle solitaire, je reconnus l'hôtellerie du Cheval-Blanc.

Le quart après une heure sonnait à l'horloge de la ville. N'importe, je me hasardai à frapper.

Qu'allait-on me dire, moi que deux heures auparavant on avait presque traité comme un vagabond à l'hôtel Talma ?

J'entendis du bruit, je vis briller une lumière, des pas traînèrent sur un escalier.

Cette fois on ne me demanda point ce que je voulais : on m'ouvrit la porte.

C'était une bonne à moitié vêtue, joyeuse, avenante, et qui souriait, quoique réveillée dans son premier sommeil.

Elle s'appelait Marguerite. Il y a, mon cher ami, des noms qui restent gravés dans le cœur.

— Ah bien! dit-elle, monsieur, vous voilà dans un bel état! Bon! vous ne risquez rien d'entrer, de vous sécher et de changer de tout.

— Quant à entrer et à me sécher, j'accepte de grand cœur. Mais quant à changer de tout...

Je lui montrai un paquet que j'avais promené sous mon bras depuis la descente du chemin de fer et qui renfermait une chemise, deux paires de chaussettes, un manuel chronologique et un volume de la *Révolution* de Michelet.

— Ah! dit-elle, ça ne fait rien; ce qui vous manquera, vous le trouverez chez M. Leduc.

O sainte hospitalité! ce qui te fait grande, ce qui te fait splendide, ce qui te fait déesse, ce n'est point d'être offerte gratis, c'est d'être offerte avec une voix amie et un visage souriant.

O sainte hospitalité! décidément tu

habites Montmorency. Et Rousseau, qui n'était pas toujours si sensé, savait bien ce qu'il faisait quand il allait te demander à la *Chevrette*. Je ne sais pas comment te reçut la maigre marquise d'Epinay, ô sublime auteur d'*Emile*, mais à coup sûr elle ne te reçut pas mieux te connaissant que ne me connaissant pas me reçut Marguerite.

Derrière Marguerite était descendu M. Leduc, qui me reconnut, lui.

Dès lors l'hospitalité prit des proportions gigantesques. On me donna la plus belle chambre de l'hôtel, la *chambre de mademoiselle Rachel*. Leduc voulut me servir à souper, et Marguerite voulut bassiner mon lit.

Quant à moi, j'ai l'habitude, en pareille circonstance, de vouloir tout ce qu'on veut.

Vous comprenez, mon cher ami, qu'il me fallut raconter mon histoire. Comment, à une heure un quart du matin, frappais-je à pied, trempé jusqu'aux os, et un petit paquet sous le bras, à la porte du Cheval-Blanc, à Montmorency? Y avait-il une révolution à Paris, un 31 mai contre les auteurs, et venais-je demander l'hospitalité de l'exil comme Barbaroux ou Louvet?

Par bonheur rien de tout cela n'existait. Je rassurai M. Leduc.

J'étais tout simplement venu pour passer un jour ou deux à Enghien, et n'y ayant trouvé ni souper, ni chambre, ni lit, j'avais poussé jusqu'à Montmorency.

M. Leduc poussa un soupir qui contenait d'une façon bien certainement plus éloquente qu'il n'avait jamais été dit, le *tu quoque* de César.

Je me hâtai d'expliquer à M. Leduc que je n'étais pas venu à Enghien pour mon plaisir, mais pour y travailler.

— Eh bien! répondit M. Leduc, vous travaillerez à Montmorency au lieu de travailler à Enghien. Vous y serez moins dérangé.

Il y avait une si profonde mélancolie dans ces quelques mots : « Vous y serez moins dérangé, » que je me hâtai de répondre à mon tour :

— Oui, et au lieu d'y rester quarante-huit heures, j'y resterai huit jours.

— Oh! alors, me dit M. Leduc, si vous y restez huit jours, vous travaillerez à une chose dont vous ne vous doutez pas.

— A quoi travaillerai-je?

— A un voyage en Californie.

— Moi? Allons donc! cher monsieur Leduc, vous êtes fou!

— Attendez à demain, et vous m'en direz des nouvelles.

— Soit, attendons à demain; au reste je suis le plus grand saisisseur d'imprévu qu'il y ait au monde : j'ai fait un jour avec Dauzats un voyage en Égypte sans y avoir jamais été. Trouvez-moi un homme aussi spirituel que Dauzats qui arrive de Californie, et j'y retourne avec lui.

— J'ai justement votre affaire : un garçon arrivé d'hier, avec un journal tout fait, un véritable Gil Blas, qui a tour à tour été portefaix, chercheur d'or, chasseur de daims, chasseur d'ours, garçon d'hôtel, marchand de vin et second dans le bâtiment avec lequel il est revenu de San-Francisco par la Chine, le détroit de Malacca, le Bengale et le cap de Bonne-Espérance.

— Ah ! voilà qui me va, cher monsieur Leduc.

— Quand je vous le disais !

— Ah ! c'est que, comprenez-vous, lui

dis-je, je vois autre chose, moi, dans la Californie que ce que les autres y voient.

— Qu'y voyez-vous donc ?

— Oh ! ce serait trop long pour ce soir. Il est deux heures du matin, je me suis bien réchauffé, j'ai bien soupé, je suis admirablement couché. A demain, monsieur Leduc.

Le lendemain M. Leduc me présenta son voyageur. C'était un garçon de vingt-six ans, à l'œil intelligent, à la barbe noire, à la voix sympathique, au teint bruni par le soleil de l'Équateur, qu'il venait de franchir quatre fois.

A peine eus-je causé dix minutes avec lui que je fus convaincu qu'un pareil homme devait avoir rapporté un journal très intéressant.

Je le lus d'un bout à l'autre et je vis qu'en effet je ne m'étais pas trompé.

C'est ce journal que je vous envoie, très peu revu, très peu corrigé et pas du tout augmenté par moi.

Maintenant laissez-moi vous dire, à vous, mon cher éditeur, ce que je n'ai pas voulu dire l'autre soir à M. Leduc à propos de la Californie, sous prétexte qu'il était trop tard et que nous étions trop fatigués.

Ce que je voulais lui dire, c'était en grand ce que lui me disait en petit, à propos d'Enghien, qui grandit et s'avive, tandis que Montmorency maigrit et meurt.

Le chemin de fer, c'est-à-dire la civilisation, passe à cent pas d'Enghien et passe à une demi-lieue de Montmorency.

Tenez, j'ai vu dans le Midi un petit village nommé Les Baux; autrefois, c'est-à-dire il y a cent ans à peu près, c'était un joyeux nid d'hommes, de femmes et d'enfants, situé à mi-côte d'une colline, fertile en fruits, en fleurs, en doux chants, en fraîches haleines. Le dimanche on y disait la messe, le matin, dans une jolie petite église blanche, avec des fresques aux couleurs vives, devant un autel brodé par la dame de l'endroit, et orné de petits saints en bois doré ; le soir on y dansait sous de beaux sycomores qui abritaient, outre les danseurs, des spectateurs attentifs et de gais buveurs, trois générations de braves gens qui étaient nés là, qui vivaient là, qui comptaient mourir là. Un chemin passait dans le village, qui allait, je crois, de Tarascon à Nîmes, c'est-à-dire d'une ville à une autre ville. Le petit village vivait de son chemin. — Ce qui n'était pour la province qu'une veine secondaire était pour lui l'artère principale, l'aorte qui faisait battre son cœur. Un jour, pour raccourcir la distance d'une demi-lieue, le trajet d'une demi-heure, des ingénieurs, qui ne se doutaient pas qu'ils commettaient un meurtre, tracèrent un autre chemin. Ce chemin passait dans la plaine, au lieu de contourner la montagne; il laissait le village à sa gauche, pas bien loin, mon Dieu! à une demi-lieue. C'était peu de chose sans doute, mais enfin le village n'avait plus son chemin. Ce chemin, c'était sa vie, et voilà que tout à coup la vie s'était retirée de lui.

Il tomba en langueur, maigrit, agonisa, mourut. Je l'ai vu mort, tout à fait mort, sans rien de vivant qui fût resté en lui. Toutes les maisons étaient vides, quelques-unes fermées encore comme au jour où ceux qui les habitaient leur ont dit adieu ; d'autres sont ouvertes à tous les vents, et l'on a fait du feu dans l'âtre désert avec les meubles brisés, — un voyageur perdu, sans doute, un bohémien errant peut-être. — L'église existe toujours, le quinconce de sycomores existe toujours : mais l'église a perdu ses chants, la nappe de l'autel pend déchirée ; quelque animal sauvage, en s'enfuyant effrayé du tabernacle dont il avait fait sa retraite, a renversé un des petits saints de bois ; mais les sycomores ont perdu leurs musiciens, leurs danseurs, leurs spectateurs, leurs buveurs ; dans le cimetière, le père attend vainement le fils, la mère la fille, l'aïeule le petit-fils : ils s'étonnent dans leur tombe de ne plus entendre remuer la terre autour d'eux, et ils se demandent : Que font-ils donc là-haut ? Est-ce qu'on n'y meurt plus ?

Eh bien! voilà comment Montmorency s'en va, épuisé, en langueur, parce que l'artère de feu l'a dédaigné en favorisant Enghien ; on s'y égare bien encore quelquefois, car tout étranger fait son pèlerinage à la Chevrette ; mourant, le pauvre village vit de la protection d'un mort. Le génie a cela de bon, c'est qu'à la rigueur il peut remplacer le soleil, dont il est une émanation.

Eh bien! voilà à quoi j'ai pensé souvent, mon ami : c'est à cette marche de la civilisation, c'est-à-dire du soleil intellectuel. Plus d'une fois, quand je n'avais rien de nouveau ou d'intéressant à lire, je prenais une carte du monde, livre immense qui renferme des milliers de pages, et dont chaque page constate l'élévation ou la chute d'un empire. Quelle histoire y cherchais-je? Etait-ce celle de ces rois de l'Inde aux noms inconnus? était-ce celle de l'Egyptien Ménès, du Babylonien Nemrod, de l'Assyrien Belus, du Ninivite Phul, du Mède Arbaces, du Perse Cambise, du Syrien Rohob, du Troyen Scamandre, du Lidien Mœon, du Tyrien Abibal, de la Carthaginoise Didon, du Numide Yarbas, du Sicilien Gelon, de l'Albain Romulus, de l'Etrusque Porsenna, du Macédonien Alexandre, du Romain César, du Franc

Clovis, de l'Arabe Mahomet, du Teuton Charlemagne, du Français Hugues Capet, du Florentin Médicis, du Génois Colomb, du Flamand Charles-Quint, du Gascon Henri IV, de l'Anglais Newton, du Moscovite Pierre Ier, de Lamennais, Washington, ou du Corse Bonaparte? Non, ce n'était celle ni de l'un ni de l'autre : c'était celle de cette mère commune qui les a tous portés dans ses flancs, allaités de son lait, réchauffés de sa chaleur. C'était celle de la civilisation.

Voyez comme elle fait son œuvre immense, et comme ni détroits, ni montagnes, ni fleuves, ni océans ne l'arrêtent!

Née à l'Orient, où naît le jour, la voilà qui part de l'Inde, en laissant derrière elle les ruines gigantesques de villes qui n'ont plus de noms ; elle enjambe le détroit de Babel-Mandel, déposant sur une des rives Sabah la Blanche, sur l'autre Sabah la Noire ; elle rencontre le Nil, descend avec lui la grande vallée égyptienne, sème sur les rives du fleuve sacré Eléphantine, Philæ, Denderah, Thèbes, Memphis ; arrivée à son embouchure, elle gagne l'Euphrate, élève Babylone, Ninive, Tyr, Sydon, descend à la mer comme le géant Poliphème, dépose de la main droite Pergame à l'extrémité de l'Asie, de la main gauche Carthage à la pointe de l'Afrique, des deux mains Athènes au Pirée ; fonde les douze grandes villes étrusques, baptise Rome et attend : la première partie de son œuvre est accomplie ; elle a fait le grand monde païen, qui commence à Brahma et qui finit à César.

Soyez tranquille, quand la Grèce aura donné Homère, Hésiode, Orphée, Eschyle, Sophocle, Euripide, Socrate, Platon, c'est-à-dire aura fait la lumière ; quand Rome aura conquis la Sicile, l'Afrique, l'Italie, le Pont, les Gaules, la Syrie, l'Egypte, c'est-à-dire aura fait l'unité ; quand le Christ, prophétisé par Socrate et prédit par Virgile, sera né, elle se remettra en route, la grande voyageuse, pour ne plus se reposer qu'elle ne soit de retour aux lieux d'où elle est partie.

C'est alors qu'à Rome qui tombe, qu'à Alexandrie qui s'éteint, qu'à Byzance qui croule, succéderont la seconde Carthage, mère de Tunis, Grenade, Séville, Cordoue, trinité arabe qui relie l'Europe et l'Afrique, Florence et ses Médicis, depuis Côme l'ancien jusqu'à Côme le tyran; la Rome chrétienne avec ses Jules II, ses Léon X et son Vatican; Paris avec François Ier, Henri IV, Louis XIV, le Louvre, les Tuileries, Fontainebleau. C'est alors que s'enchaîneront les uns aux autres, comme une voie d'étoiles lumineuses, saint Augustin, Averhoes, Dante, Cimabuë, Organa, Pétrarque, Masaccios, Perrugin, Machiavel, Boccace, Raphaël, Fra Bartholomée, l'Arioste, Michel-Ange, le Tasse, Jean de Bologne, Malherbe, Lope de Vega, Calderon, Montaigne, Ronsard, Cervantes, Shakespeare, Corneille, Racine, Molière, Puget, Voltaire, Montesquieu, Rousseau, Gœthe, Humboldt, Châteaubriand. C'est alors enfin que la civilisation n'ayant plus rien à faire en Europe, traversera l'Atlantique comme un ruisseau, conduisant Lafayette à Washington, l'ancien monde au nouveau, et là où habitaient seulement quelques pêcheurs de morue et quelques marchands de pelleteries, fondera, avec trois millions d'habitants à peine, une république qui, en soixante ans, s'augmentera de dix-sept millions d'hommes, qui s'étendra du fleuve Saint-Laurent aux bouches du Mississipi, de New-York au Nouveau-Mexique, qui aura les premiers bateaux à vapeur en 1808, les premiers chemins de fer en 1820, qui produira Franklin, qui adoptera Fulton.

Mais là sans doute elle sera embarrassée pour continuer son chemin, et il faudra qu'elle s'arrête ou se détourne, l'infatigable déesse, qui, empêchée par le double désert que dominent les montagnes rocheuses ; qui, arrêtée par l'isthme de Panama, ne pourra pénétrer dans la mer Pacifique qu'en doublant le cap Horn, et dont tout l'effort sera de s'épargner trois ou quatre cents lieues en se hasardant à travers le détroit de Magellan.

Voilà ce que depuis soixante ans les savants, les géographes, les navigateurs de tous les pays se disaient les yeux fixés sur l'Amérique.

Etrange impiété que de croire à une impossibilité pour la Providence ! à un obstacle devant Dieu !

Ecoutez. Un capitaine suisse, chassé par la révolution de juillet, passera du Missouri dans l'Orégon, de l'Orégon en Californie. Il obtiendra du gouvernement mexicain une concession de terrain sur la fourche américaine. Et là, en creusant la terre pour faire jouer la roue d'un moulin, il s'apercevra que cette terre est parsemée de paillettes d'or.

Cela arrivait en 1848. En 1848, la population blanche de la Californie était de dix à douze mille âmes.

Trois ans sont écoulés depuis qu'au souffle du capitaine Sutter, se sont envolées ces quelques paillettes d'or qui, selon toute probabilité, changeront la face du monde, et la Californie aujourd'hui compte deux cent mille émigrants de tous pays et bâtit sur l'océan Pacifique, près du plus beau et du plus grand golfe de l'univers, une ville destinée à servir de contrepoids à Londres et à Paris.

Aussi, cher ami, plus de montagnes rocheuses, plus d'isthme de Panama. Un chemin de fer ira de New-York à San-Francisco, comme un télégraphe électrique va déjà de New-York à la Nouvelle-

Orléans ; et à la place de l'isthme de Panama, trop dur à percer, on canalisera la rivière de Jiugnitto, et l'on passera en sciant la montagne, du lac Nicaragua dans la mer Pacifique.

Et remarquez bien que tout ceci s'accomplit au moment où Abbas-Pacha fait un chemin de fer qui ira de Suez à El Areilh.

Si bien que voilà la civilisation qui, partie de l'Inde, est presque revenue à l'Inde, et qui, couchée un instant sur les bords du Sacramento et du San-Joaquin, se demande si, pour regagner son berceau, elle doit tout simplement traverser le détroit de Behring, en touchant du pied cette ruine qui la repousse, ou s'égarer au milieu de toutes ces îles et de tous ces détroits, terres inhospitalières où fut assassiné Cook, abîmes sans fond où s'engloutit la Peyrouse.

En attendant, grâce au chemin de fer de Suez, grâce au passage de Nicaragua, avant dix ans on fera le tour du monde en trois mois.

Voilà surtout pourquoi, mon ami, je crois que ce volume sur la Californie vaut la peine d'être imprimé.

Tout à vous,

Alexandre DUMAS.

I

Le Départ (1).

J'avais vingt-quatre ans, l'ouvrage manquait ; il n'était question en France

---

(1) Dans tout le cours de l'ouvrage, afin de donner plus de vivacité et d'intérêt au récit, l'auteur a cru devoir céder la parole au voyageur dont il raconte les aventures. Le pronom JE représente donc ici, non pas l'historien signataire, mais le héros même de cette curieuse histoire.

que des mines de la Californie. A tous les coins de rues des compagnies s'organisaient pour le transport des voyageurs. C'était entre tous ces accapareurs à qui se ruinerait en promesses, à qui s'épuiserait en magnificences. Je n'étais pas assez riche pour me croiser les bras ; j'étais assez jeune pour perdre un ou deux ans à la recherche de la fortune. Je résolus de risquer mille francs et ma vie, les deux seules choses qui fussent bien complètement à ma disposition.

D'ailleurs, j'avais déjà fait connaissance avec les eaux bleues, comme disent les matelots. Le bonhomme Tropique était de mes amis, et j'avais reçu de sa main le baptême de la Ligne. Apprenti marin, j'avais fait avec l'amiral Dupetit-Thouars le voyage des îles Marquises, et touché au pic de Ténériffe, à Rio-Janeiro, à Valparaiso, à Taïti et à Noukaïva en allant, et à Woilhavo et à Lima en revenant.

Mon parti pris, restait à savoir à laquelle de toutes ces sociétés je donnerais la préférence : cela valait la peine de réfléchir.

En effet, je réfléchis si bien, que je fis choix d'une des plus mauvaises, c'est-à-dire de la *Société mutuelle*.

La *Société mutuelle* avait son siège rue Pigale, 24.

Chaque associé devait avoir mille francs pour le passage et la nourriture. Nous devions travailler de concert et partager les bénéfices ; de plus, si un passager ou associé (c'était la même chose) emportait une pacotille quelconque, la compagnie se chargeait de la vente de la pacotille et assurait un tiers de bénéfices.

En outre, pour ces mille francs que chacun de nous déposait, la compagnie nous devait, une fois arrivés, le logement dans des maisons en bois que notre bâtiment transporterait avec nous.

Nous avions un docteur et une pharmacie attachés à l'entreprise ; mais chacun devait se munir à ses frais d'un fusil à deux coups, portant des balles de calibre et ayant une baïonnette.

Les pistolets étaient de fantaisie et du calibre qui convenait à l'acheteur.

Etant chasseur, j'attachai un grand soin à cette partie de mon équipement, et bien m'en prit, comme on verra plus tard.

Arrivés là-bas, nous travaillerions sous la direction de chefs élus par nous.

Tous les trois mois, on changerait ces chefs, qui travailleraient avec nous et comme nous.

On s'engageait à Paris, mais le rendez-vous était à Nantes.

A Nantes, on devait acheter un bâtiment de quatre cents tonneaux; c'était un banquier de Nantes avec lequel, disait la compagnie, toutes conditions étaient faites d'avance, qui achetait ce bâtiment.

Ce bâtiment devait, de plus, être chargé à notre profit d'une cargaison dont le banquier faisait les frais, en se réservant sur elle un honnête bénéfice.

Toutes ces fournitures étaient acquises à la société, qui remboursait le capital et payait un intérêt de 5 p. 100.

On voit que tout cela était magnifique, — sur le papier du moins.

Le 21 mai 1849, je partis pour Nantes, et descendis à l'hôtel du Commerce.

J'avais fait la route avec deux de mes amis, engagés comme moi et partant avec moi.

Ces deux amis étaient MM. de Mirandole et Gauthier.

De plus, un autre ami à moi, mon voisin de village, Tillier de Groslay, était déjà parti et embarqué. Nous étions très lié depuis notre jeunesse, et son départ avait fort influé sur le mien.

Tillier était engagé dans la Société Nationale.

A Nantes, les difficultés commencèrent. Des discussions s'étant élevées entre les sociétaires et les directeurs, le banquier ne voulut plus faire les fonds. Il en résulta que l'armateur qui avait vendu le bâtiment, traité avec un capitaine et loué des matelots, se trouva obligé de tout prendre à son compte. Comme il était dans son droit, comme ses actes avec la société étaient en règle, la perte retomba sur les sociétaires, et nous en fûmes chacun pour quatre cents francs.

Avec les six cents francs restants, la société était forcée de nous expédier en Californie. Comment? cela la regardait.

Cela nous regardait peut-être bien aussi quelque peu; mais on ne jugea point à propos de nous consulter là-dessus.

En conséquence, on nous chargea sur des voitures qui nous transportèrent de Nantes à Laval, de Laval à Mayenne et de Mayenne à Caen.

A Caen nous fûmes aménagés sur un bateau à vapeur et transportés au Havre.

Nous devions partir le 25 juillet.

Le 25, le 26 et le 27 se passèrent à nous faire prendre patience sous des prétextes tellement absurdes, que, le 27, on fut obligé de nous avouer que nous ne partirions décidément et définitivement que le 30.

C'étaient trois jours de patience à mettre au service de la société. Nous nous rappelâmes qu'en février 1848 les ouvriers avaient mis trois mois de misère au service de la patrie; nous trouvâmes que notre sacrifice était bien médiocre en comparaison du leur. Nous nous résignâmes et nous attendîmes.

Malheureusement, le 30 juillet, il fallut nous faire un autre aveu : c'est que nous ne partirions que le 20 août.

Les plus pauvres d'entre nous parlaient de se révolter, il y en avait en effet qui ne savaient comment ils vivraient pendant ces vingt et un jours.

Les riches partagèrent avec les pauvres, et l'on attendit au 20 août.

Mais au moment de partir, nous fîmes

une autre découverte, c'est que la société, étant ou se disant plus pauvre encore que nous, ne pouvait nous fournir une foule de choses, de première nécessité cependant, dans un voyage tel que celui que nous entreprenions.

Ces objets étaient le sucre, le café, le rhum, l'eau-de-vie, le thé. Nous fîmes nos réclamations, nous menaçâmes de nous fâcher, nous parlâmes même d'un nouveau procès ; mais la société secoua la tête, et force fut aux pauvres sociétaires de fouiller au plus profond de leurs poches.

Hélas ! beaucoup étaient si profondes qu'elles n'avaient pas de fond.

On fit une provision commune des objets sus-désignés, et l'on se promit mutuellement la plus grande discrétion à l'endroit de ces sortes de douceurs.

Le jour du départ arriva enfin. Nous partions sur le *Cachalot*, ancien baleinier, connu, au reste, pour un des meilleurs marcheurs du commerce.

Il jaugeait cinq cents tonneaux.

La veille et la surveille du jour où nous devions mettre à la voile, la plupart de nos parents étaient arrivés au Havre pour nous dire adieu.

Il y avait parmi ces parents pas mal de

mères et de sœurs fort religieuses ; d'ailleurs, il y a peu de voyageurs athées, la veille d'un voyage qui doit durer six mois et vous conduire de l'océan Atlantique à l'océan Pacifique.

Il fut donc décidé qu'il serait fait une dernière dépense à l'endroit d'une messe, dite à l'intention de notre heureuse traversée.

Cette messe devait être dite à l'église.

C'est toujours une chose grave qu'une messe au moment d'un pareil départ, car bien certainement, pour quelques-uns de ceux qui l'entendent, elle doit être une messe de mort.

Ce fut la réflexion que me fit un charmant garçon qui écoutait religieusement cette messe à côté de moi : c'était un rédacteur du *Journal du Commerce*, nommé Bottin.

Je lui fis silencieusement signe de la tête que c'était justement ce que je me disais tout bas au moment où il me le disait tout haut.

Au lever-Dieu, je jetai les yeux autour de moi : chacun était à genoux, et, je vous en réponds, tout le monde priait sérieusement.

La messe dite, on proposa un banquet

fraternel à un franc cinquante centimes par tête.

Nous étions cent cinquante passagers, dont quinze femmes.

En retournant toutes les poches, on parvint à réunir deux cent vingt-cinq francs.

C'était le compte.

Mais cette débauche portait une rude atteinte au reste de nos capitaux.

Il va sans dire que nos parents et amis contribuèrent pour leur compte. Nous n'étions pas assez riches pour les inviter.

Mirandole et deux autres furent nommés commissaires et se chargèrent, pour nos trente sous, de nous faire faire un banquet splendide.

Le banquet eut lieu à Ingouville.

A quatre heures, on devait se réunir sur le port; à cinq heures on devait être à table.

Chacun fut aussi exact qu'à la messe : on arriva deux par deux, on se plaça dans le plus grand ordre et l'on essaya d'être gai.

Je dis l'on essaya, car, en somme, chacun avait le cœur gros, et j'ai bien idée que plus on criait tout haut, plus on pleurait tout bas.

On porta des tostes à notre bon voyage; on nous souhaita les plus riches placers du San-Joaquin, les plus épais filons du Sacramento.

M. le maître-armateur du *Cachalot* ne fut pas oublié non plus. Il est vrai qu'il avait, outre sa cotisation de un franc cinquante, envoyé deux paniers de vin de Champagne.

Le dîner se prolongea assez avant dans la nuit. A force de se monter la tête, on était arrivé à quelque chose qui ressemblait à de la gaîté.

Le lendemain, dès le matin, les matelots, à leur tour, firent leur promenade dans la ville avec des drapeaux et des bouquets.

Cette promenade aboutit au port, où se tenait toute la population assemblée pour saluer notre départ et nous faire ses adieux.

Chacun de nous courait tout affairé d'une boutique à l'autre. C'est au moment du départ seulement qu'on s'aperçoit de ce qui va nous manquer une fois que nous serons partis.

Je fis, pour mon compte, ma provision

de poudre et de balles : dix livres de l'une, quarante livres des autres.

A onze heures, le bâtiment sortit du port, poussé par une jolie petite brise du nord-ouest; devant nous était un bâtiment américain remorqué par le bateau à vapeur le *Mercure*.

Nous suivîmes la jetée en chantant la *Marseillaise*, le *Chant du Départ* et *Mourir pour la patrie!* Tous les mouchoirs flottaient sur le port, tous les mouchoirs flottaient sur le bâtiment.

Quelques parents et quelques amis étaient montés avec nous à bord. A moitié rade, le pilote et l'armateur nous quittèrent; parents et amis revinrent avec eux : ce fut un second adieu plus douloureux que le premier.

Alors se trouvèrent isolés tous ceux qui devaient courir ensemble la même fortune.

Les femmes pleuraient; les hommes auraient bien voulu être des femmes pour pleurer aussi.

Tant que la terre fut visible, tous les regards furent tournés vers la terre.

Le soir, vers cinq heures, elle disparut.

Nous ne devions plus la revoir qu'au cap Horn, c'est-à-dire à l'autre extrémité d'un autre monde.

II

Du Havre à Valparaiso.

J'ai dit que nous étions cent cinquante passagers, dont quinze femmes, deux à la chambre du capitaine et les autres en bas.

L'équipage se composait :

Du capitaine, de son second, du lieutenant, de huit hommes et d'un mousse.

Le faux-pont, réservé aux passagers, n'avait reçu aucune marchandise : il avait été aménagé pour le transport des voyageurs et contenait quatre rangs de cabines.

Nous étions deux par cabine ; les lits étaient superposés.

M. de Mirandole était mon camarade de chambrée.

Les femmes étaient séparées ; on avait construit pour elles à babord, derrière, une espèce de parc.

Nos cent cinquante passagers se composaient des envoyés de trois compagnies; aucune n'avait tenu les engagements pris, quoique chaque passager eût scrupuleusement donné son argent.

Il en résultait que, comme il y avait à peine place pour les voyageurs, il n'y avait pas place du tout pour les malles.

Aussi chacun avait-il la sienne devant sa cabine; elle servait de siége pour s'asseoir et de table pour faire sa toilette.

Les autres bagages formant superfluités avaient été descendus dans la cale.

Tout ce qui restait de place sur le bâtiment était consacré aux marchandises appartenant tant à l'armateur qu'aux passagers.

Ces marchandises consistaient en alcools et en quincailleries.

Notre premier dîner à bord eut lieu à cinq heures, au moment même où nous venions de perdre de vue la terre. Personne n'avait encore le mal de mer, et cependant nul n'avait grand appétit.

La table était mise sur le pont, ou plutôt le pont servait de table ; l'emplacement était fort restreint, le pont étant encombré par des caisses d'acides sulfuriques, par des tonnes d'eau destinées à être bues pendant la traversée, et par des planches préparées pour être agencées les unes dans les autres et faire des maisons aussitôt notre arrivée.

Nous avions en outre douze petites maisons toutes bâties, et qu'on n'avait plus qu'à monter comme des horloges.

Elles avaient été construites au Havre et allaient dans le prix de cent à cent vingt-cinq francs.

Le premier jour, comme c'est l'habitude en sortant du port, le dîner se composa de la soupe, d'une ration de viande bouillie, d'un quart de vin et d'un très petit morceau de pain.

Cela nous indiquait que le pain n'était pas en abondance à bord. En effet, plus tard, nous n'eûmes de pain que le dimanche et le jeudi. Les autres jours, on mangeait du biscuit.

Nous avions un grand plat de fer-blanc, commun à huit passagers ; chacun l'accostait avec sa gamelle, qui était à lui, ainsi que son couvert.

Nous nous accroupîmes à la manière des Orientaux, et nous mangeâmes.

Le même jour, vers huit heures du soir, nous atteignîmes les vents du sud.

Ils soufflèrent toute la nuit, et le lendemain ils furent assez violents pour nous pousser sur les côtes d'Angleterre.

Un pêcheur vint à bord; sa barque était pleine de poisson; le marché commença, puis la correspondance.

Un des grands besoins de l'homme qui s'éloigne, qui traverse une grande étendue d'eau, qui se trouve entre le ciel et la terre, est de donner de ses nouvelles à ceux qu'il vient de quitter.

Il se trouve si petit dans cette immensité, qu'en se rattachant par une lettre à la terre, il se donne la consolation de s'assurer lui-même qu'il n'est pas perdu.

Malheureux ceux qui dans ce cas-là n'ont personne à qui écrire !

Le pêcheur s'en alla chargé de lettres comme un facteur de la poste.

Le soir du second jour, les vents changèrent sans nous avoir fait perdre beaucoup de temps ni donné une grande fatigue. A partir de ce moment nous fîmes bonne route.

Le capitaine qui, comme nous l'avons dit, était fort économe sur le pain, vu le peu de farine transportée à bord, nous avait bercés de cet espoir que nous relâcherions à Madère pour y embarquer des pommes de terre; mais comme le vent était bon, il nous fit valoir l'économie de temps que nous aurions à continuer notre chemin tout droit.

On lui fit bien quelques observations qui lui donnèrent à entendre que nous n'étions pas dupes de la véritable économie qu'il était dans l'intention de faire; mais capitaine est roi à son bord. Le nôtre fit lui-même sa majorité, décida qu'on passerait outre, et que le bon vent tiendrait lieu de pommes de terre.

Il est vrai que c'était plaisir de nous voir marcher : le *Cachalot* était excellent voilier, comme nous avons dit, et dans les plus mauvais jours, nous filions encore six ou sept nœuds à l'heure.

Par le travers du Sénégal, notre vigie nous signala un bâtiment : c'était une frégate américaine en croisière. Elle surveillait la traite ; elle courut sur nous, hissa son pavillon. Nous en fîmes autant ; nous nous donnâmes mutuellement notre longitude et notre latitude, ce bonjour et ce bonsoir des marins, puis nous continuâmes notre route, et la frégate reprit sa croisière.

Cette longitude et cette latitude n'étaient point choses inutiles pour nous, attendu que nous avions un très mauvais chronomètre.

Nous ne sûmes point le nom de la frégate qui venait de nous rendre ce service. A part cette bande sanglante qui indiquait ses canons, elle était toute peinte en noir, comme le vaisseau du *Corsaire rouge*.

Au fur et à mesure que nous avancions vers le tropique, tous les signes particuliers à l'équateur venaient au-devant de nous. Les eaux de la mer passaient au bleu foncé ; nous déchirions de larges bancs de ces herbes que l'on appelle raisins des tropiques. Les poissons volants s'élançaient hors de l'eau ; les bonites et les dorades passaient par bandes ; la chaleur devenait étouffante ; il n'y avait pas à s'y tromper.

La pêche des bonites et des dorades commença.

Cette pêche est chose bien simple et bien facile à côté des ruses qu'emploient les vieux pêcheurs des bords de la Seine. C'est l'enfance de l'art. On suspend au beaupré un certain nombre de ficelles, à l'extrémité desquelles pendille le simulacre d'un poisson volant ; le tangage plonge l'amorce dans l'eau et la fait sortir alternativement. Chaque fois que les ficelles sortent de l'eau, dorades et bonites prennent l'amorce pour des poissons véritables, sautent après et restent pendues à l'hameçon.

C'est une véritable manne que Dieu, sous cette chaude latitude, envoie aux pauvres passagers.

La pêche était commune.

Nous atteignîmes et traversâmes la ligne. Il va sans dire qu'il y eut, à propos de cette solennité, toutes les cérémonies d'usage, c'est-à-dire un Neptune fort galant pour les dames, si vieux qu'il parût ; une Amphitrite qui fit force agaceries aux hommes, et des Tritons qui nous inondèrent d'une quantité indéfinie de seaux d'eau.

Il va sans dire qu'en ma qualité de voyageur ayant déjà eu le soleil devant moi et derrière moi, je pus assister au spectacle du haut de la galerie, c'est-à-dire de la hune.

Puisque j'ai dit un mot de nos femmes, revenons à elles.

Elles n'étaient point parties, comme on le comprend bien pour se faire religieuses; il en résulte que si vite que marchât le bâtiment, outre le loto, le domino, le trictrac et l'écarté, l'on jouait à un jeu particulier qu'on appelait le mariage, et qui consistait dans ses deux phases principales à se marier et à divorcer.

Comme il n'y avait que treize femmes et cent trente-cinq hommes, c'était plus qu'un jeu, c'était presque une institution, et une institution philanthropique.

Trois femmes étaient engagées avant que de partir. Elles avaient de vrais maris, ou plutôt de vrais amants, de sorte que si elles se mariaient ou se démariaient, c'était *in partibus* et sans billets de convocation.

Chacun dans ces mariages pour rire avait été chargé de fonctions correspondantes à celles qui sont remplies par les témoins, les parents ou les prêtres dans les mariages sérieux.

Ces fonctions s'accomplissaient avec une merveilleuse gravité.

Une autre fonction très grave et dans laquelle il fallait une haute impartialité avait été créée encore.

C'était celle d'arbitre.

Voici à quelle occasion.

Un de nos amis, B..., avait emmené sa

maîtresse : c'était une de nos trois femmes mariées, et il lui avait fait, en partant de France, aux dépens de sa propre pacotille, un chargement d'effets à son usage : robes de soie, robes de laine, robes de popeline, châles petits et grands, bonnets, chapeaux, etc.

Mais il arriva qu'en route, par un de ces caprices qu'il faut toujours mettre sur le compte du voyage, mademoiselle X... trouva M. D... préférable à son premier amant, et sans se donner la peine de faire prononcer le divorce, se remaria avec M. D...

De là plainte et réclamation du premier

mari, qui prétendit, s'il avait perdu ses droits sur la femme, les avoir conservés sur les effets, et qui, en conséquence, s'empara un matin de toute la garde-robe, laissant mademoiselle X... avec une seule chemise.

Si chaud qu'il fasse sous l'équateur, où l'évènement se passait, une chemise était un vêtement un peu bien léger; aussi mademoiselle X... se plaignit-elle, et dans ses plaintes en appela-t-elle à nous tous.

Quoique nous trouvassions que le costume allait admirablement à mademoiselle X..., nous étions trop équitables pour ne pas répondre à son appel. On se constitua en tribunal, et le tribunal nomma des arbitres.

De là la création de cette nouvelle magistrature.

Les arbitres rendirent un jugement qui, à mon avis, peut faire le pendant du jugement de Salomon.

Ils décidèrent :

1° Que mademoiselle X... avait le droit de disposer de sa personne comme bon lui semblait et même comme bon lui semblerait.

2° Qu'elle ne pouvait être entièremen

dépouillée. Que Junie seule avait le droit d'être vue

dans le simple appareil
D'une beauté qu'on vient d'arracher au sommeil.

Qu'en conséquence B... aurait à lui laisser le nécessaire, c'est-à-dire :

Ses chemises, son linge, sa chaussure, un chapeau et un bonnet.

3° Toutes les autres hardes, étant considérées comme superfluités, revenaient à B...

Le jugement fut signifié à B... avec les formalités d'usage, et comme il était sans appel, B... fut obligé de se soumettre sans en appeler.

Mademoiselle X... apporta donc en dot à son nouvel époux le strict nécessaire, ce à quoi D... obvia en lui faisant cadeau de sa robe de chambre, dont elle se fit une robe, et d'une couverture, dont elle se fit un caban.

Il faut dire que mademoiselle X... était charmante sous ces nouveaux costumes.

Notre route continuait avec bon vent. Plusieurs fois nous eûmes la côte du Brésil en vue. Nous rasâmes la terre à Montévidéo, et nous vîmes de loin cette autre Troie, assiégée alors depuis huit ans.

III

De Valparaiso à San-Francisco.

Quinze jours avant d'arriver à Valparaiso, les pommes de terre avaient manqué. C'était une absence qui se faisait douloureusement sentir.

On avait remplacé le mets disparu par une ration de farine, d'eau-de-vie et de mélasse.

Les huit convives de la même écuelle réunissaient les huit rations, et l'on pétrissait un plumpudding que l'on faisait cuire dans des sacs à l'eau bouillante.

Mais si industrieux que soit l'homme, la pomme de terre ne remplace point le pain, et le plumpudding ne remplace pas la pomme de terre.

Valparaiso était donc pour nous la terre promise; dans tous les groupes on n'entendait que ce mot : Valparaiso ! Valparaiso ! On avait trois mois de mer, aucune relâche, et Valparaiso franchi, on n'avait plus à faire qu'un quart du chemin.

Les trois autres quarts étaient derrière, oubliés, évanouis, emportés par la tempête du cap Horn.

Enfin un mardi, ce cri retentit des hunes : Terre ! terre ! Chaque passager s'assura de la vérité par ses propres yeux et s'empressa de s'habiller de son mieux, de se disposer à descendre à terre et de faire ses comptes pour voir ce qui lui restait à dépenser.

On mouilla en grande rade, c'est-à-dire à trois quarts de lieue de terre. Aussitôt on vit partir de Valparaiso avec la même ardeur que s'il s'agissait de gagner le prix des régates, une douzaine de ces embarcations connues sous le nom de baleinières.

Au bout d'un quart d'heure, ces embarcations assiégeaient le bâtiment.

Mais aux premiers mots que prononcèrent à propos du prix les Chiliens qui montaient ces embarcations, on reconnut qu'ils avaient de folles prétentions. Ils ne pouvaient, disaient-ils, nous mettre à terre à moins de trente-six sous par personne, trois réaux du Chili.

On comprend qu'une pareille somme

soit exorbitante pour des gens qui ont passé par les mains des compagnies californiennes, qui ont été à Nantes, qui y sont restés quinze jours, qui de Nantes ont été au Havre, et qui au Havre sont restés six semaines.

A ce prix, la moitié de nous à peine eût pu aller à terre et une moitié de cette moitié n'eût pas pu en revenir.

Après avoir vivement débattu nos intérêts, nous fîmes prix à un réal (douze sous et demi).

D'ailleurs, ce fut en cette circonstance

que la fraternité de bord se montra dans toute sa sublime bonhomie : ceux qui avaient de l'argent mirent cet argent dans leurs mains; et en souriant étendirent la main vers leurs compagnons. Ceux qui n'en avaient point assez ou ceux qui n'en avaient point du tout vinrent puiser dans ces mains étendues.

Le prix fait, chacun ayant de quoi aller à terre vivre trente-six heures et revenir, on se précipita dans les barques. Un quart d'heure après, nous débarquions.

Il était quatre heures du soir.

Là, chacun se dispersa, cherchant l'aventure selon le caprice de son imagination, et surtout selon la pesanteur de sa bourse.

Ma bourse n'était pas lourde, il s'en fallait; mais j'avais pour moi l'expérience d'un premier voyage.

En allant aux îles Marquises avec l'amiral Dupetit-Thouars, j'avais déjà touché à Valparaiso.

Par conséquent, je connaissais le pays.

Mirandole, qui savait mes antécédents, se confia à moi et déclara qu'il ne me quitterait point.

Nous descendîmes à l'hôtel du Commerce, et comme il n'y avait pas grand'chose à faire ce jour-là, puisqu'il était cinq heures, nous allâmes visiter le théâtre, magnifique bâtiment qui avait poussé entre mes deux voyages.

Il est situé à l'une des quatre faces de la place, qui est elle-même sinon une des plus belles, mais des plus délicieuses places du monde, avec sa fontaine au centre et son bois d'orangers touffu comme un bois de chênes et tout plein de fruits d'or.

Nous passâmes sur cette place, sans

autres distractions que nos rêveries, rafraîchis par le vent du soir, embaumés par la senteur des orangers, deux des plus douces heures de notre vie.

Quant à nos compagnons, ils s'étaient éparpillés comme une bande d'écoliers en récréation, et couraient de Fortop à Maintop.

Qu'est-ce que Fortop et Maintop? d'où viennent ces noms bizarres?

Je n'en sais rien, et me contenterai de répondre à la première question.

Fortop et Maintop sont deux bals publics près desquels Mabille et la Chaumière sont collets-montés.

Fortop et Maintop sont, à Valparaiso, ce que les musicos sont à Amsterdam et à la Haye.

C'est là qu'on trouve les belles Chiliennes, au teint olivâtre, aux grands yeux noirs fendus jusqu'aux tempes, aux cheveux lisses et bleus à force d'être noirs, vêtues de soie aux couleurs vives et décolletées jusqu'à la ceinture ; c'est là qu'on danse des polkas et des chillas dont on n'a aucune idée en France, avec accompagnements de guitares et de voix relevés de coups frappés avec le plat de la main sur les tables ; c'est là qu'ont lieu les courtes querelles suivies de longues vengeances ; c'est là que commencent par des paroles ces duels qui finissent à la porte par le couteau.

La nuit se passa à attendre le lendemain. Aux plaisirs de la danse devait succéder, le lendemain, le plaisir de la cavalcade. Le Français est essentiellement cavalier, le Parisien surtout : il a pris ses leçons et fait ses classes d'équitation sur les ânes de la mère Champagne, à Montmorency, et sur les chevaux de Ravelet, à Saint-Germain.

Le capitaine, en nous donnant congé le mardi soir, avait recommandé aux passagers de se trouver prêts à partir le jeudi suivant.

Le signe de ralliement devait être le pavillon français à la corne et le pavillon rouge au mât de misaine.

On avait cinq heures à partir du moment où le pavillon rouge serait arboré.

Mais c'était le jeudi matin seulement qu'il s'agissait de s'inquiéter du pavillon rouge ou tricolore; le mercredi était à nous tout entier, depuis la veille jusqu'au lendemain, vingt-quatre heures, c'est-à-dire une minute ou une éternité, selon que le plaisir ou la douleur regarde marcher l'aiguille du temps.

Le principal amusement de cette journée devait être de galopper sur la route de San-Iago, de Valparaiso à Avigny.

Ceux qui n'avaient pas assez d'argent pour prendre des chevaux restèrent à la ville.

J'étais du nombre de ces enfants prodigues qui, sans s'inquiéter de l'avenir, depensaient leurs derniers réaux à cette joyeuse course.

D'ailleurs, à quoi bon nous inquiéter? C'eût été folie que de songer à l'avenir ; les trois quarts du chemin étaient faits ; cinq semaines de traversée encore, et nous touchions le but, et le but c'étaient les placers du San-Joaquin et du Sacramento.

Nous voyions passer près de nous, grotesques clowns accroupis sur nos chevaux comme les nains des ballades allemandes et écossaises, ces magnifiques cavaliers chiliens, avec leurs pantalons fendus, boutonnés et brodés à partir de la cuisse jusqu'au bas de la botte, recouvrant un second pantalon de soie, avec leur petite veste ronde, l'élégant puncho par dessus, le chapeau pointu à large bord et à galon d'argent sur la tête, le lasso à la main, le sabre à la cuisse, les pistolets à la ceinture.

Tous glissaient au galop dans leurs selles brodées aux couleurs éclatantes, où ils se tiennent assis fermes comme dans des fauteuils.

Le journée fut bientôt passée : nous avions l'air, dans notre impatience du mouvement, de courir après les heures, et les heures indifférentes, sans se hâter d'une seconde, marchaient à leur pas habituel : celle du matin, fraîches et les cheveux aux vents ; celles du jour, haletantes et abattues ; celles du soir, tristes et voilées.

Les femmes nous avaient accompagnés partout, plus ardentes, plus aventureuses, plus infatigables que les hommes.

Bottin avait été ravissant de verve, d'imprévu et de gaîté.

On rentra pour dîner ; les groupes se

formèrent. Partout où l'homme marche par troupes, il a ses groupes d'amis, d'indifférents, d'ennemis.

Le lendemain jeudi, à huit heures du matin, chacun était sur la jetée ; on aperçut le pavillon rouge ; on s'informa : depuis deux heures il avait été hissé.

Trois heures restaient.

Oh ! les trois dernières heures, comme celles-là vont vite pour les passagers qui n'ont plus que trois heures à passer à terre !

Chacun employa ces trois heures de

son mieux. Ceux à qui quelque argent restait en profitèrent pour faire provision de ce que les Chiliens appellent du pain de fruits.

Le pain de fruits est, comme l'indique son nom, une composition de fruits secs; ils se vendent coupés par tranches très minces, et ont forme des fromages ronds.

A dix heures et demie, on reprit pour un réal les mêmes embarcations qui avaient amené toute la colonie à terre. La colonie fut reconduite à bord, et, arrivé là, chacun se réintégra dans sa boîte.

A deux heures précises, l'ancre fut levée ; on appareilla : le vent était parfait. Avant le soir, nous perdîmes la terre de vue.

Nous avions devant nous un brick sarde et un trois-mâts anglais que nous dépassâmes avec rapidité.

Nous laissâmes sur rade la frégate française l'*Algérie* avec un de nos matelots que l'on avait mis au service pour une dispute avec le lieutenant.

Peu de personne comprendront cette locution toute maritime : *Mettre au service*.

Nous allons donc en donner l'explication.

Lorsqu'un matelot se conduit mal sur un bâtiment marchand, si le capitaine rencontre un bâtiment de guerre et qu'il lui convienne de se débarrasser de son matelot, il le *met au service*.

C'est-à-dire que ce matelot qu'il ne veut pas garder comme incorrigible, il en fait cadeau à l'Etat.

Le matelot passe ainsi, au caprice du capitaine, de la marine marchande à la marine militaire.

C'est, on en conviendra, une triste manière de recruter la marine ; pour les soldats de terre, on a créé les compagnies de discipline.

Bien souvent d'ailleurs les capitaines, qui n'ont à rendre compte à personne de leurs faits et gestes, sont injustes pour de pauvres diables qu'ils ont pris en antipathie et dont ils se débarrassent de cette façon.

J'ai bien peur, par exemple, que notre matelot à nous n'ait été victime de la mauvaise humeur du capitaine.

La brise était forte et la mer grosse ;

on avait passé quarante heures à terre : le mal de mer reprit les moins acoquinés à la houle. Les femmes en général, et je fis à mon tour cette remarque que d'autres avaient faite avant moi, les femmes furent celles qui supportèrent le mieux cette longue et pénible traversée.

Jusque-là, chose merveilleuse, nous n'avions eu à bord, sur cent cinquante passagers, ni maladie ni accident.

Nous allions sous ce rapport être cruellement éprouvés.

Nous avions dépassé Panama, franchi

la ligne dans le sens opposé où nous l'avions franchie en venant; nous marchions avec bonne brise, toutes voiles dehors, même les bonnettes, ne filant plus que quatre ou cinq nœuds à l'heure, c'est vrai, ce qui est encore, du reste, une bénédiction relativement aux calmes qu'on éprouve d'ordinaire dans ces parages, lorsque tout à coup, vers le 17° degré de latitude, ce cri terrible retentit :

Un homme à la mer!

Sur un navire de guerre, tout est prévu pour ce cas. On a des bouées, un homme toujours prêt à lâcher la poulie des chaloupes, qui n'ont qu'à glisser sur leurs cordages, et, à moins de gros temps ou que l'homme ne sache point nager, il est bien rare qu'on n'arrive pas à temps pour le sauver.

Mais il n'en est pas de même sur les navires marchands, avec leurs huit ou dix hommes d'équipage et leurs chaloupes engagées sur le pont.

A ce cri : Un homme à la mer ! tandis que nos compagnons se regardaient, se comptaient, cherchant avec terreur celui qui manquait au milieu d'eux, je m'élançai vers la hune.

Mes yeux se portèrent aussitôt vers le sillage, et au milieu de l'écume, déjà à plus de cent cinquante pas de distance, je reconnus Bottin.

— Bottin à la mer! m'écriai-je.

Bottin était tellement aimé, qu'à son nom je ne doutais point que chacun ne redoublât d'énergie.

On avait déjà, du reste, jeté dans le sillage une vergue de perroquet.

Bottin venait de faire son blanchissage : nous étions, comme on le comprend bien, nos propres blanchisseuses. Il avait voulu faire sécher son linge dans les haubans; le pied lui avait manqué; et il était tombé à la mer sans que personne le vît.

Au cri qu'il avait poussé seulement, le timonnier s'était élancé à l'arrière, et voyant reparaître un homme dans le sillage, il avait, sans savoir quel était cet homme, fait entendre le cri qui nous avait tous pris au cœur:

Un homme à la mer !

Je ne m'étais pas trompé, au cri : C'est

Bottin! capitaine et passagers se mirent à la besogne pour démarrer la yole, qui fut jetée à la mer par dessus le pont.

Le lieutenant et un novice se trouvèrent dans la yole on ne sait comment.

En même temps, le capitaine ordonna de brasser vent dessus vent dedans, et le trois-mâts resta en panne.

Au reste, réduit à lui-même, l'accident n'aurait rien eu de bien dangereux : le temps était magnifique et Bottin excellent nageur.

Du moment où il avait vu la yole à la mer, il avait fait des bras signe qu'il était inutile de se presser, et quoiqu'il nageât du côté de la vergue de perroquet, il était évident qu'il nageait de ce côté parce qu'elle était sur son chemin, et non parce qu'il avait besoin de se faire un appui.

Cependant, la yole, conduite par l'officier et le novice, ramait rapidement vers le nageur. De la hune d'artimon, où j'étais, je voyais la distance disparaître entre Bottin et la barque. Bottin faisait toujours des signes pour nous tranquilliser; en effet, la barque n'était plus guère qu'à cinquante pas de lui, quand tout à coup je le vis disparaître.

Je crus d'abord qu'une vague l'avait recouvert et que la vague passée, on le reverrait de nouveau. Les deux hommes de la chaloupe eurent la même idée que moi, car ils continuèrent à ramer. Cependant, au bout de quelque temps, je les vis s'arrêter inquiets, se lever, abaisser leurs mains sur leurs yeux, chercher du regard, se détourner de notre côté comme pour nous consulter, puis reporter leur vue sur l'étendue immense.

L'étendue demeura solitaire ; rien ne reparut.

Notre pauvre ami Bottin venait d'être coupé en deux par un requin.

Hélas! il n'y avait pas de doute sur son genre de mort. Il était trop bon nageur pour disparaître ainsi tout à coup. Celui-là même qui ne sait pas nager reparaît deux ou trois fois avant de disparaître pour toujours.

Deux heures, on chercha à la place où il avait été. Le capitaine ne pouvait pas se décider à rappeler la yole ; le lieutenant et le novice ne pouvaient pas se décider à revenir.

Cependant il fallait continuer la route; le signal de rappel fut fait, et la yole revint tristement, traînant à la remorque la vergue de perroquet qu'elle avait recueillie en route.

Ce fut un grand deuil à bord. Tout le monde aimait Bottin : c'était le grand conciliateur de toutes les querelles. Un procès-verbal constata la mort de notre malheureux ami. Ses effets et ses papiers furent réclamés par le capitaine.

Les effets, quinze jours après sa mort, furent vendus aux enchères.

Les papiers furent conservés pour être remis à sa famille.

Le soir plus de chants ; le dimanche suivant, pas de danses.

Tout le monde était triste.

Cependant, peu à peu on reprit la vie accoutumée ; seulement, à tout propos, dans la conversation revenaient ces mots :

— Ce pauvre Bottin !

IV

San-Francisco.

Le 5 janvier 1850, malgré un grand brouillard, un matelot qui était occupé à serrrer une voile cria :

— Terre !

Cependant on chercha inutilement

pendant toute la journée du 6 la baie que nous avions dépassée.

Ce ne fut que le lendemain 7 que nous pûmes en reconnaître l'entrée.

Néanmoins, pendant la journée du 6, le brouillard s'était levé et nous avions pu voir l'aspect du pays.

Il se présentait à nous s'élevant doucement en amphithéâtre. Sur le premier plan on n'apercevait que des bœufs et des cerfs. Tout cela paissait tranquillement par bandes au milieu de prairies vertes comme de l'émeraude.

Ils ne semblaient pas plus effarouchés que si le monde avait été créé de la veille.

Sur ce premier plan, de l'herbe, des pâturages, pas d'arbres.

Au second plan, des sapins magnifiques de hauteur et d'épaisseur ; puis, de place en place, des massifs de noisetiers et de lauriers.

Au troisième plan, la cime des montagnes dominée par la cime la plus élevée, celle du mont du Diable.

Plus nous avancions vers la baie pendant la journée du 6, plus les arbres devenaient rares, plus les roches, comme les ossements aigus d'un squelette gigantesque, commençaient à percer la verdure.

Nous gagnâmes le large pour passer une nuit tranquille. Nous étions tellement entourés de navires égarés comme nous et cherchant la baie comme nous, qu'il y avait crainte de s'aborder dans l'obscurité.

Quoique éloignés de tout heurt dangereux, nous n'en mîmes pas moins un fanal au boute-hors du clinfoc.

On était fort content, mais d'un contentement grave et silencieux. Tout était encore pour nous l'inconnu dans ce monde que nous allions toucher. A Valparaiso, nous nous étions informés, mais nous avions subi le vague de la distance, c'est-à-dire que nous avions eu à la fois de bons et de mauvais renseignements.

Puis chacun faisait ses dispositions pour débarquer le lendemain, 7.

Non plus, comme à Valparaiso, pour aller demander à une ville quelques heures de distractions capricieuses et de folle joie, mais pour aller demander à la terre le travail, et la chose la plus rare qu'il y ait au monde, la rémunération du travail.

Aussi le plus calme de nous eût-il menti en disant qu'il avait dormi sans agitation. Quant à moi, je me réveillai dix fois dans la nuit, et le 7, avant le jour, tout le monde était debout.

Au jour, nous revîmes la terre ; mais encore assez éloignés d'elle, nous ne pûmes distinguer l'entrée de la baie.

De cinq heures du matin à midi, nous

courûmes vent largue. A midi seulement nous commençâmes à distinguer l'écartement des terres qui formaient l'ouverture.

L'aspect de la baie nous présentait à droite deux roches écartées à leur base, mais rapprochées à leur sommet, et par ce rapprochement formant une voûte.

Tout le bord de la mer resplendissait de sable blanc comme de la poussière d'argent. C'était au fort Williams seulement que commençait à apparaître la verdure.

A gauche, des montagnes rocheuses

par le bas, mais verdissantes à un tiers de leur hauteur.

Sur ces montagnes paissaient des troupeaux de vaches et de bœufs.

Au reste, nous abandonnâmes bientôt du regard ce côté gauche, sur lequel on n'a affaire qu'à Sauroleta, petite baie où relâchent quelques navires, et toute notre attention se concentra sur le côté droit.

Nous approchions du fort Williams.

Le fort Williams dépassé, deux îles

sont en vue : l'Angèle et l'île aux Cerfs.

A droite, on commence alors d'apercevoir quelques habitations formant un fermage au milieu de la verdure, mais sans un seul arbre. C'est le Présidio.

Autour de cette espèce de village, nous apercevons pour la première fois des chevaux et des mulets.

Sur une montagne plus élevée que les autres se dresse le télégraphe avec ses longs bras noirs et blancs, toujours en mouvement pour annoncer l'arrivée des navires.

Au bas du télégraphe sont quelques maisons en bois et une cinquantaine de tentes.

En face du télégraphe est le premier mouillage. C'est le lazareth en plein air où l'on purge sa quarantaine.

Comme nous n'avions touché aucun pays suspect, une fois reconnus par la santé, nous eûmes permission de débarquer.

Aussitôt, plusieurs sociétaires en profitèrent pour descendre à terre et chercher un endroit où placer les tentes. Les tentes devaient être faites avec les draps de nos lits. Quant à nos maisons tant promises, il n'y fallait pas songer ; elles étaient engagées et demeurèrent sans doute en gage, car jamais nous n'en entendîmes parler.

Les sociétaires étant descendus, Mirandole et Gauthier à leur tête, ils allèrent à la découverte de l'endroit dit le Camp-Français, où toutes les sociétés françaises arrivées jusqu'alors en Californie étaient descendues.

Ils ne tardèrent point à découvrir l'emplacement, qui était parfait.

Le lendemain, au jour, sur les renseignements donnés par nos amis, nous prîmes pelles et pioches, et descendîmes à terre.

On se prépara immédiatement à s'installer.

Ce fut le 8 janvier, à huit heures du matin, que nous touchâmes le sol de la Californie avec une chaloupe appartenant à l'un de nous qui l'avait mise à la disposition de la société.

Nous déposâmes nos effets au pied du Camp-Français.

J'avais dans ma bourse un sou, un centime, et je devais dix francs à un de mes camarades.

C'était toute ma fortune; mais enfin j'étais arrivé.

Un mot sur cette terre qui nous gardait tant de déceptions.

Il y a deux Californies : la vieille et la nouvelle.

La vieille, qui appartient aujourd'hui encore au Mexique, baignée à l'est par la mer Vermeille, qui doit ce nom à l'admirable teinte de ses eaux au lever et au coucher du soleil, à l'ouest et au sud par l'Océan Pacifique, se rattache au nord à la nouvelle Californie par un isthme de vingt-deux lieues de large.

Ce fut Cortez qui la découvrit. A l'étroit dans la capitale du Mexique dont les Espagnols venaient de s'emparer, le 13 août 1521, l'aventureux capitaine fit construire deux caravelles, prit le commandement de l'expédition, et le 1er mai 1535, il reconnut la côte orientale de la grande péninsule; le 3 il mouilla dans la baie de la Paz, par le 24° 10 de la latitude nord et 112° 20 de la longitude ouest, et prit possession au nom de Charles-Quint, roi d'Espagne et empereur d'Allemagne.

D'où lui vient le nom de Californie qu'elle porte dès l'époque de sa découverte dans l'ouvrage de Bernal Diaz del Castillo, compagnon d'armes et historien de Fernand Cortez, de *Calida Fornax*, disent quelques-uns, ou plutôt, comme le croit le père Venegas, de quelque mot indien dont les premiers conquérants n'ont jamais su ou ont négligé de nous transmettre le sens?

Son ancienne capitale était Loreto, qui

ne compte plus guère aujourd'hui que trois cents habitants. Sa capitale actuelle est Real de San-Antonio, qui en compte huit cents.

Toute la population de cette péninsule, qui peut avoir deux cents lieues de long, ne monte pas à six mille âmes.

La nouvelle Californie, appelée par les Anglais et les Américains la Haute-Californie, est située entre le 32ᵉ et le 42ᵉ degré de latitude nord, et le 110ᵉ et le 127ᵉ de longitude occidentale.

Son étendue, du nord au sud, est de

deux cent cinquante lieues, et, de l'est
à l'ouest, de trois cents lieues.

La nouvelle Californie, comme la
vieille, fut découverte par les Espagnols,
ou plutôt par un Portugais au service de
l'Espagne.

Ce Portugais se nommait Rodriguez
Cabrillo; il était parti le 27 janvier 1542
pour essayer de préciser le fameux passage que, quarante et un ans auparavant, Gaspard de Corteseal crut avoir
trouvé à travers l'Amérique du nord. Ce
passage n'était autre que celui qui est
connu aujourd'hui sous le nom de dé-

troit d'Hudson, et qui se jette dans la baie du même nom, qui est une véritable mer intérieure.

Le 10 mars 1543, Rodriguez Cabrillo reconnut le grand cap Mendocin, qu'il nomma Mendoza en l'honneur du vice-roi du Mexique qui portait ce nom.

En redescendant vers le 37° degré, il aperçut une grande baie à laquelle il donna le nom de *bahia de Pinos* ou baie des Pins.

Cette baie est probablement celle de Monterey.

En 1579, le navigateur anglais Francis Drake, après avoir détruit une quantité d'établissements espagnols dans la mer du Sud, reconnut la côte de la Californie entre la baie de San-Francisco et la pointe de Rodega.

Il prit à son tour possession de la contrée au nom d'Élisabeth, reine d'Angleterre, et nomma cette contrée la *Nouvelle-Albion*.

Vingt ans après, Philippe III jeta les yeux sur ce beau pays dont on lui avait raconté des merveilles, et donna l'ordre au vicomte de Monterey, vice-roi du Mexique, d'y former un établissement.

Le vice-roi chargea un des plus hardis et des plus habiles marins du temps de cette expédition. Ce marin se nommait Sébastien Viscaino.

Le 5 mars 1602, il partit d'Acapulco, remonta la côte jusqu'au cap Mendocin, qu'il reconnut, redescendit jusqu'à la pointe des Pins, entra dans cette fameuse baie qu'avait signalée Cabrillo, et donna, au point où il prit terre, le nom de Monterey, en l'honneur du vice-roi Monterey, comme Cabrillo avait fait pour le cap Mendoza.

M. Ferry, dans son savant ouvrage sur la Californie, cite les lignes suivantes qu'il extrait du compte-rendu de l'expédition du général Viscaino.

Aujourd'hui encore on peut reconnaître l'exactitude de cette révélation faite il y a deux cent cinquante ans :

« Le climat de ce pays est doux, dit l'amiral de Philippe III; le sol, couvert d'herbe, est extrêmement fertile ; le pays bien peuplé ; les naturels sont si humains et si dociles qu'il sera facile de les convertir à la foi chrétienne et de les rendre sujets de la couronne d'Espagne.

« Ledit Sébastien Viscaino ayant questionné les Indiens et beaucoup d'autres qu'il trouva au bord de la mer sur une grande étendue de côtes, ils lui apprirent qu'au delà de leur pays, il y avait plusieurs grandes villes et quantité d'or et d'argent, ce qui lui fait croire qu'on pourra y découvrir de grandes richesses. »

Malgré ce rapport, l'Espagne méconnut toujours l'immense valeur de sa colonie; elle se contentait d'envoyer des gouverneurs et des missionnaires qui étaient protégés par ces établissements militaires qu'on appelle aujourd'hui encore des Présidios.

Peu à peu, les Indes se détachèrent lambeaux en lambeaux de la métropole;

les unes furent conquises par les Anglais ou les Hollandais, les autres se constituèrent en empires ou en royaumes indépendants. Il en fut ainsi de la république du Mexique, à laquelle se réunirent les deux Californies.

Bientôt la mauvaise administration de la république mexicaine commença d'éloigner d'elle les provinces. Le Texas, qui s'était déclaré indépendant dès 1836, propose à son congrès, le 12 avril 1844, un traité d'annexion aux Etats-Unis.

Ce traité, d'abord refusé par les Etats américains, fut définitivement adopté par les deux chambres, le 22 décembre 1845.

C'était chose grave pour le Mexique que cette lacération de son territoire. Aussi le gouvernement mexicain résolut-il de lever une armée et de disputer la propriété du Texas aux États-Unis.

Une armée de quatre mille hommes, commandée par les généraux Taylor et Scott, se mit en marche pour maintenir ses droits sur le Texas.

Les Mexicains réunirent une armée de huit mille hommes.

Le 7 mai 1846, les deux armées se rencontrèrent dans la plaine de Palo-Alto. Le combat s'engagea ; les Mexicains furent battus, repassèrent le Rio-Bravo et se réfugièrent dans la ville de Matamoros.

Le 18 mai suivant, Matamoros se rendit.

En même temps, les Américains avaient envoyé le commodore John-Lloat avec une flotte pour faire la guerre des côtes, en même temps que le général Taylor faisait la guerre d'intérieur.

Le 6 juillet 1846, la flotte américaine s'emparait de Monterey, capitale de la Nouvelle-Californie.

A la fin de l'année, l'armée de terre américaine occupait les provinces du Nouveau-Mexique, de Tamaulipas, de Nuevo-Léon, de Cohahuela, et l'armée de mer la Californie.

Tout en marchant vers Mexico, le général Taylor déclarait les immenses provinces qu'il traversait conquêtes du gouvernement américain, et prononçait leur réunion aux provinces-unies.

Le 22 février 1847, les deux armées

ennemies se joignirent de nouveau dans le Nuevo-Léon, entre l'extrémité sud de la Sierra-Verde et les sources du Lione, dans la plaine de la Buena-Vista.

L'armée américaine était forte de 5,400 fantassins et de 1,000 cavaliers.

Après deux jours de combats acharnés, l'armée mexicaine fut forcée de se retirer sur San-Luiz-de-Potosi ; elle laissait 2,000 morts sur le champ de bataille. Le nombre des blessés était considérable, mais comme elle en emmenait une partie, on ne put le connaître.

Les Américains avaient perdu 700 hommes.

Encore une victoire comme celle-là, disait Pyrrhus, et nous sommes perdus.

Ce fut dans ces termes à peu près que le général Taylor écrivit au congrès.

Le congrès de Washington vota neuf régiments de volontaires, et à chacun de ces volontaires ayant servi un an dans la guerre du Mexique, il accorda une concession de 160 acres de terre ou 100 dollars de rentes à 6 pour 100.

La même loi augmentait la solde de l'armée régulière, qui était déjà de 45 fr. par mois.

Pour subvenir aux dépenses de cette guerre, il créait en outre un nouveau papier jusqu'à concurrence de 28 millions de dollars.

L'escadre américaine devait s'emparer de Véra-Cruz comme elle s'était emparée de Monterey.

Véra-Cruz, c'était la clef de Mexico.

Le 22 mars 1849, une armée de 12,000

hommes, secondée par l'escadre du commodore Perry, mettait le siége devant la Véra-Cruz, et le bombardement commençait.

Au bout de cinq jours de bombardement, la ville se rendait, et le château de Saint-Jean d'Ulloa avec elle.

Le 16 avril, le général Scott quitta sa position et marcha sur Mexico avec 10,000 hommes.

L'armée mexicaine, forte de 12,000 hommes et commandée par le général Santa-Anna, l'attendait à deux journées de la Véra-Cruz, dans le défilé de Cerro-Gardo, véritables Thermopyles où devait être détruite l'armée américaine.

La route était coupée par une tranchée derrière laquelle s'apprêtait à tonner une redoutable artillerie.

La montagne, de sa base à son sommet, n'était qu'un immense retranchement.

Les Américains n'hésitèrent pas : ils attaquèrent, comme disent leurs ennemis les Mexicains, le taureau par les cornes.

La lutte fut terrible. On se battit corps à corps ; chevaux, cavaliers, fantassins, roulaient dans les précipices, se tuant de la chute quand ils ne s'étaient pas tués de la blessure. La boucherie dura quatre heures. Au bout de quatre heures, le défilé était forcé, et les Mexicains laissaient aux mains de leurs ennemis six mille prisonniers et trente pièces de canon.

Le 20, Jalappa était prise. Huit jours après, le château fort de Pérotte se rendait à son tour.

Le général Scott marcha sur Puebla et occupa Puebla.

Il n'était plus qu'à vingt-huit lieues de Mexico.

Il était entré avec six mille hommes dans cette ville, qui compte soixante mille habitants.

Le 19 et le 20, il s'empara des positions de Contre-Bas et de Charabusco.

Le 13 septembre, le général Scott attaquait les positions de Capultepec et du Moulin-du-Roi.

Enfin, le 16 septembre 1847, les Américains, vainqueurs dans toutes les rencontres, faisaient leur entrée dans la capitale du Mexique (1).

Le 2 février 1848, après trois mois de négociations, la paix fut signée entre le Mexique et les Etats-Unis, moyennant la cession aux Etats-Unis du Nouveau-Mexique et de la Nouvelle-Californie pour la somme de quinze millions de dollars (soixante-dix-huit millions de francs).

En outre, les Etats-Unis, jusqu'à con-

---

(1) Voir au besoin, pour plus grands détails, l'ouvrage de M. Ferry, *Description de la Nouvelle-Californie.*

currence de cinq millions de dollars, se chargeaient de répondre aux réclamations qu'éleveraient contre le Mexique les sujets texiens ou américains.

La somme totale, outre les frais de la guerre, s'élevait donc, pour les Américains, à la somme de cent six millions de francs, à peu près.

L'échange des ratifications eut lieu le 5 mai 1848.

Le 14 août suivant, le congrès américain rendait un décret qui étendait aux peuples de la Californie les bénéfices des lois de l'Union.

Il était temps : l'Angleterre marchandait la Californie au Mexique, et probablement le Mexique la lui eût cédée, si, dans ce moment là, la Californie, comme nous allons le voir, n'eût été occupée elle-même par les Américains.

V

Le capitaine Sutter.

Pendant que les généraux Taylor et Scott s'emparaient du Mexique, voici ce qui se passait en Californie.

En 1845, la population blanche de la Californie, montant à dix mille âmes à peu près, s'était révoltée contre le Mexique et avait mis à sa tête un Californien nommé Pico.

A ce mouvement s'étaient ralliés trois chefs de l'ancien gouvernement : Vallejo, Castro et Alvarado.

Le général Michel Torena, gouverneur de la contrée pour le Mexique, marcha contre les insurgés.

Le 21 février 1845, il rencontra Castro. On en vint aux mains : le général Michel Torena fut battu.

Alors Pico fut nommé gouverneur de

la Californie, et Jose Castro prit le commandement des troupes.

Michel Torena, comprenant qu'il n'y avait rien à faire contre un pareil mouvement, s'embarqua sur un navire américain avec ceux de ses officiers et de ses soldats qui voulurent le suivre, et se fit conduire à San-Blas.

Ce fut en ce moment que l'ordre fut donné par le congrès au commodore John de s'emparer de Monterey.

Les insurgés, regardant désormais le pays comme à eux, après en avoir chassé les Mexicains, résolurent de le défendre contre les Américains.

Il y avait alors dans le Nouveau-Mexique, sur les bords du Rio-Grande, au pied des monts Anahuœc, un officier américain commandant un régiment de dragons, et se nommant Stephan W. Kearny. Les yeux fixés sur la Nouvelle-Californie, il commençait à s'inquiéter des graves embarras auxquels allaient être exposés les résidents américains qui habitaient ce pays, lorsqu'il reçut l'ordre du congrès de franchir la Sierra, de descendre sur les bords du Colorado et d'aller avec son régiment, à travers les déserts inconnus des Indiens Ajoutas et du lac Nicolet, appuyer les opérations de l'escadre américaine et protéger les nationaux établis dans la contrée.

C'était un de ces ordres comme les gouvernements en donnent dans leur ignorance des localités, mais qui deviennent impossibles à exécuter pour ceux qui les reçoivent.

Il était impossible en effet d'engager tout un régiment dans de pareilles solitudes, que sillonnent seulement les chasseurs et les Indiens.

Le colonel Kearny prit cent hommes

et partit avec eux pour la Californie, laissant le reste de son régiment sur les bords de Rio-Grande del Norte.

D'un autre côté, vers le lac Pyramide, au nord de la Nouvelle-Helvétie, un autre officier américain, le capitaine Frémont, du corps des ingénieurs topographes, explorait la Californie, et, se trouvant au milieu de l'insurrection, il organisait, se faisant une petite armée des nationaux américains, une résistance aux dispositions hostiles du nouveau gouverneur Pico.

Ainsi, sur trois points l'Amérique avait

déjà pénétré ou allait pénétrer en Californie.

Avec le commodore John, elle abordait à Monterey ;

Avec le capitaine Frémont, elle se retranchait dans la plaine des Trois-Buttes ;

Avec le colonel Kearny et ses cent hommes, elle descendait des montagnes rocheuses.

Au milieu de l'insurrection générale, éclatait en même temps une insurrection partielle.

Ces nouveaux insurgés avaient pris le titre de Bears, — Ours.

Leur étendard s'appelait Bear-Flag, — étendard de l'Ours.

Les Ours marchèrent sur Sonoma, petite ville située à l'extrémité nord de la baie de San-Francisco, et s'emparèrent du fort.

Castro, un des chefs de la première insurrection, marcha sur Sonoma, ignorant que de son côté le capitaine Frémont, ayant quitté sa position des Buttes, faisait le même mouvement que lui.

Les deux avant-gardes californienne

et américaine se rencontrèrent au pied du fort.

L'avant-garde américaine forte de quatre-vingt-dix hommes.

L'avant-garde californienne forte de soixante-dix hommes.

Le capitaine Frémont attaqua l'avant-garde ennemie, la dispersa, se retourna contre le fort et le prit avec tout son matériel.

Les Américains étaient arrivés sur la baie de San-Francisco. De là ils donnaient la main à la ville, presque entièrement peuplée d'Américains.

Au mois d'octobre 1846, le capitaine Frémont apprit que le commodore Stockton était mouillé devant San-Francisco. Il alla aussitôt le rejoindre avec cent quatre-vingts volontaires, laissant garnison dans le fort de Sonoma.

Le commodore Stockton fit embarquer cette petite troupe et la dirigea sur Monterey, où elle arriva le lendemain.

Là elle se recruta de deux cent vingt volontaires, et forma un total de quatre cents hommes à peu près.

Sur ces entrefaites, le consul américain, Olarkin, se rendant de Monterey à San-Francisco, fut enlevé par une de ces bandes californiennes qui battaient le pays. Le capitaine Frémont apprit cet évènement, s'élança à la poursuite de cette troupe, l'atteignit, la mit en fuite après une assez vive fusillade, et délivra M. Olarkin.

Pendant ce temps, avec des fatigues incroyables, manquant souvent des choses de première nécessité, le colonel Kearny, avec ses cent hommes, avait franchi les montagnes rocheuses, avait traversé les plaines sablonneuses des

Indiens Navajoas, avait passé le Colorado, et était arrivé à Agua-Caliente, en passant entre le pays des Indiens Mohaves et celui des Indiens Yumas.

Arrivé là, il trouva une petite troupe d'Américains, commandée par le capitaine Gillespie, qui lui apprit d'une façon positive ce qui se passait en Californie, et que, devant lui, une troupe de sept à huit cents hommes, commandés par le général Andréas Pico, tenait la campagne.

Le colonel Kearny compta ses hommes. Ils étaient cent quatre-vingts en tout, mais bien résolus, bien disciplinés.

Il donna aussitôt l'ordre de marcher à l'ennemi.

Américains et Californiens se rencontrèrent le 6 décembre dans la plaine de San-Pasqual.

L'engagement fut terrible : vaincue, la petite troupe américaine était anéantie.

Elle fut victorieuse. Le colonel Kearny, qui, à partir de ce moment, prit le titre de général, reçut deux blessures, eut deux capitaines, un lieutenant, deux sergents, deux caporaux et dix dragons tués.

De leur côté, les Californiens perdirent deux ou trois cents hommes.

Le lendemain, un détachement de marins envoyés par le commodore Stockton rejoignait Kearny, à la rencontre duquel il était envoyé.

Renforcé par lui, il continua sa marche vers le nord, eut, le 8 et le 9 décembre, avec les Californiens, deux nouveaux engagements, et dans ces deux engagements, comme dans le premier, resta maître du champ de bataille.

En même temps Castro, fugitif, allait se jeter dans la troupe du capitaine Frémont, et, enveloppé par elle, faisait sa soumission.

Restaient quelques troupes californiennes aux environs de los Angeles.

Dans les premiers jours de 1847, le capitaine Frémont faisait sa jonction avec le général Kearny. Les deux troupes réunies marchèrent aussitôt sur los Angeles, battant les insurgés le 8 et le

9 janvier, et le 13 entraient dans la ville de los Angeles.

La Californie était soumise.

Le capitaine Frémont fut promu au grade de colonel, et nommé gouverneur militaire de la contrée.

Dans le courant de février, enfin, le général Kearny publiait une proclamation dans laquelle il déclarait qu'affranchis de leur serment envers le Mexique, les Californiens étaient citoyens des États-Unis.

Ce fut quelque temps après, comme

nous l'avons dit, que fut signé le traité entre les États-Unis et le Mexique, traité dans lequel, moyennant quinze millions de dollars, le Mexique cédait aux États-Unis le Nouveau-Mexique et la Nouvelle Californie.

Il y avait en ce moment-là en Californie un capitaine d'origine suisse, qui, capitaine dans la garde royale lors de la révolution de 1830, s'était, après cette révolution, résolu d'aller chercher fortune en Amérique.

Après un séjour de plusieurs années dans le Missouri, il avait, en 1836, quitté cette province pour l'Oregon, contrée dont on commençait à vanter les ressources, et vers laquelle, depuis 1832, se dirigeaient quelques émigrants.

M. Sutter franchit les montagnes rocheuses, traversa les plaines habitées par les Nez-Percés, les Serpents, les Cœurs-d'Alène, et arriva au fort Vancouver.

De là il passa aux îles Sandwich, et en 1839 se fixa définitivement en Californie.

Le gouverneur de la province encourageait alors la colonisation. Il donna gratuitement au capitaine Sutter une étendue de trente lieues carrées sur les deux rives du Sacramento, au lieu dit la Fourche-Américaine.

En outre, le gouvernement mexicain conféra à M. Sutter des pouvoirs illimités dans toute l'étendue de son district, tant pour l'administration de la justice que pour la direction des affaires civiles et militaires (1).

M. Sutter choisit un monticule situé à deux milles du Sacramento pour y éta-

---

(1) Ferry, *Nouvelle-Californie*.

blir sa résidence. Cette résidence ne devait pas être une simple maison, mais un fort.

Il traita avec un chef de tribu qui s'engagea à lui fournir autant de travailleurs qu'il en pourrait occuper. Il fit prix avec eux, s'engageant à les nourrir convenablement et à les payer en étoffes et en quincailleries.

Ce sont les Indiens qui creusèrent les fossés du fort Sutter, qui fabriquèrent les briques et qui élevèrent les murailles.

Ce fort bâti, il s'agit de lui donner une

garnison. Cette garnison fut prise parmi les indigènes. Cinquante Indiens furent habillés, disciplinés, instruits aux manœuvres, et gardèrent le fort avec la même fidélité, mais certes avec une plus active surveillance que n'eussent fait des troupes européennes.

Ce fort fut le prétexte d'une petite cité qu'on appela Sutterville, du nom de son fondateur, en 1848. Cette cité, ou plutôt ce commencement de cité, se composait d'une douzaine de maisons.

Sutterville est à deux milles à peu près du fort.

M. Sutter avait transporté à peu près tous nos arbres fruitiers d'Europe en Californie, et consacrait plusieurs hectares de terrain à leur culture. La vigne surtout avait prospéré et donnait de magnifiques produits.

Mais la véritable richesse de M. Sutter, à cette époque où l'or n'était pas encore découvert, c'était l'élève du bétail et la récolte des céréales.

En 1848, M. Sutter avait récolté 40,000 boisseaux de blé.

Mais alors allait être découverte pour

lui une autre source de richesse bien autrement considérable.

La découverte des mines de Potosi fut due à un Indien qui poursuivait dans la montagne un bœuf échappé à son troupeau.

La découverte des mines du Sacramento fut due à un hasard aussi inattendu.

M. Sutter eut besoin de planches pour ses constructions. A mille pieds à peu près au-dessus de la vallée du Sacramento, commence à pousser, avec une admirable vigueur, une espèce de pin que M. Sutter jugea propre à lui donner les planches qu'il désirait.

Il passa un marché avec un mécanicien, nommé M. Marshal, pour faire construire à portée de ces pins une scierie mise en mouvement par une chute d'eau ; la scierie fut construite sur la forme arrêtée et dans les délais convenus.

Seulement il arriva que lorsqu'on lâcha l'eau sur la roue, le sas de cette roue se trouva trop étroit pour laisser échapper le volume d'eau qu'il recevait. C'eût été de grands frais et de grands retards que de corriger ce défaut; le mécanicien laissa tout simplement à la chute d'eau le soin de creuser elle-même son passage, en approfondissant le sas de la roue; il en résulta qu'au bout de quelques jours, un amas de sable et de détritus se forma au bas de la chute (1).

En visitant sa scierie pour savoir si la chute d'eau avait agi selon ses prévisions, M. Marshal aperçut dans le sable accumulé quelques particules brillantes qu'il ramassa et dont il eut bientôt reconnu la valeur.

(1) Rapport du capitaine Maron au brigadier général R. Jones, secrétaire de la guerre à Washington.

Ces paillettes brillantes étaient de l'or pur.

M. Marshal fit part de sa découverte au capitaine Sutter; tous deux se promirent de garder le secret, mais cette fois c'était le secret du roi Midas, et dans le frémissement des roseaux, dans le bruissement des arbres, dans le murmure des ruisseaux, on distingua bientôt ces mots que devaient bientôt répéter les échos les plus éloignés : DE L'OR! DE L'OR! DE L'OR!

Ce ne fut d'abord qu'une rumeur vague, qu'un bruit sans consistance; cependant, il suffit pour faire accourir les plus aventureux des habitants de San-Francisco et de Monterey.

Mais presque aussitôt parurent les rapports officiels du colonel Maron, de l'alcade de Monterey, du capitaine Folson et du consul de France, M. Moerenhout.

Dès lors, il n'y eut plus de doute. Le Pactole n'était plus une fable, l'Eldorado n'était plus un conte, la terre d'or était trouvée.

Et de chaque point du monde, comme vers la montagne d'aimant des Mille et une Nuits, commencèrent à voguer, comme vers un centre unique, les vaisseaux de toutes les nations.

Aussi veut-on voir dans quelle progression la population s'est accrue en Californie?

En 1802, le savant Humboldt en fait la statistique. Il trouve 1,500 colons blancs et 15,562 Indiens convertis.

En 1842, M. de Mofras fait un second dénombrement; de 1,500, les colons ont monté jusqu'à 5,000. En même temps le nombre des Indiens répandus dans l'intérieur est évalué à 40,000.

Au commencement de 1848, la population blanche atteint le chiffre de 14,000 ; la population indigène reste stationnaire.

Le 1ᵉʳ janvier 1849, la population blanche est de 26,000 âmes ; au 11 avril, elle est de 55,000 ; au 1ᵉʳ décembre, elle est de 58,000.

En quelques mois, ces 58,000 âmes s'augmentent de 5,000 Mexicains arrivés par terre de la province de Sonora, de 2,500 voyageurs de tous pays, arrivant par Santa-Fé, et de 50,000 émigrants arrivant par les plaines du nord.

Enfin, à l'époque de notre arrivée,

c'est-à-dire vers le commencement de janvier 1850, la population monte à 120,000 âmes à peu près.

En 1855, elle sera d'un million, et la ville de San-Francisco sera probablement une des plus peuplées du monde.

C'est une loi de la pondération, l'Orient se dépeuple au profit de l'Occident, et San-Francisco naissant est une compensation à Constantinople qui meurt.

VI

Je me fais commissionnaire.

J'ai dit que nous étions arrivés le 8 à huit heures du matin.

Le jour de l'arrivée se passa pour nous en terrassements et en bâtisses de tentes.

Quatre de nous étaient partis pour

chercher des piquets ; les uns battaient la terre, les autres fabriquaient les tentes. J'étais de ceux-là.

Quant aux femmes, treize sur quinze étaient parties immédiatement pour San-Francisco, où, si impatientes qu'elles fussent d'être arrivées, elles étaient attendues plus impatiemment encore.

En effet, il y avait en ce moment-là à San-Francisco vingt femmes, je crois, pour quatre-vingts à cent mille hommes.

Aussi plusieurs bâtiments étaient-ils partis pour en charger au Chili.

J'ai toujours regretté de ne pas avoir vu l'effet produit par nos treize passagères à leur arrivée à San-Francisco.

Il y en eut cinq ou six qui n'allèrent pas même jusqu'à l'auberge.

Vers midi, le jour même de mon arrivée, je retrouvai Tillier, arrivé quinze jours avant moi et établi au camp français.

Il va sans dire que nous nous revîmes avec une grande joie et que je partageai sa cabane jusqu'à ce que la mienne fût finie.

Il était commissionnaire sur le port.

L'un de nos sociétaires avait sa femme; elle se chargea de faire la cuisine, et l'on envoya l'un de nous en provision en le renseignant avec grand soin sur les prix courants.

Notre messager acheta du bœuf pour faire la soupe.

La soupe était l'objet de notre ambition; la soupe, c'était ce qui nous avait le plus manqué pendant la traversée.

Heureusement le bœuf était diminué

de moitié : de cinq francs, il était tombé à cinquante sous la livre.

De nos provisions il nous restait encore du sucre et du café.

Ce que notre messager nous dit du prix courant de toute chose était effrayant.

Le pain variait de 25 à 30 sous la livre, mais nous l'avons dit, il avait valu un dollar.

Une chambre de six à huit pieds de large se louait cinq cents francs par mois, payés d'avance, bien entendu.

Une petite maison de trois ou quatr

pièces se louait trois mille francs par mois.

Sur le square de Portsmouth, la maison de l'Eldorado avait coûté cinq millions et demi à bâtir. Elle rapportait de location six cent vingt-cinq mille francs par mois.

Cela se comprendra quand on saura que la journée d'un terrassier se payait de quarante à soixante francs, et celle d'un charpentier de quatre-vingts à cent.

Un terrain concédé presque gratuitement par le gouvernement, six ou huit mois avant notre arrivée, valait au commencement de 1850, de cent à cent cinquante mille francs le carré de cent pieds.

Nous avons vu acheter par un de nos compatriotes, en adjudication publique, un terrain de quarante-cinq à cinquante pieds de face, soixante-mille francs payables en cinq ans ; trois jours après cet achat, il le louait soixante-quinze mille francs pour dix-huit mois, avec la condition que toutes les constructions faites dessus lui appartiendraient à cette époque.

La proportion était gardée d'ailleurs

des petites aux grandes choses. On a beaucoup raillé ce pauvre marchand d'œufs qui, voyant un marchand de marrons faire fortune en criant : Marrons de Lyon! s'était avisé de crier : Œufs frais de Lyon! Ce marchand eût fait fortune à San-Francisco, où les œufs frais *venant de France* se payaient cinq francs.

Il y a une histoire de deux fromages de Gruyère devenue proverbiale à San-Francisco. Comme c'étaient les seuls fromages de Gruyère qui y eussent abordé jamais, ils constituaient une aristocratie et se vendirent jusqu'à 15 francs la livre.

Deux bateliers et leur embarcation se louaient deux cents francs pour six heures.

Une paire de bottes de marins, montant au-dessus du genou et qui sont un meuble indispensable pour marcher quand il pleut dans la ville basse, valait de deux à deux cent cinquante francs l'hiver, et de cent à cent cinquante francs l'été.

Il y avait grand nombre de médecins, mais la plupart n'étaient que des charlatans qui furent obligés d'adopter d'autres industries. Trois ou quatre seulement avaient de la réputation et étaient en vogue ; ils faisaient payer leurs visites de quatre-vingts à cent francs.

Aussi citait-on des fortunes incroyables ; quelques-uns de nos compatriotes, arrivés un an avant avec un ou deux mille francs dans leur poche, avaient de notre temps vingt-cinq mille livres de rentes, non pas par an, mais par mois, et cela en dehors des bénéfices de leur commerce.

En général, ces fortunes énormes venaient de locations d'appartements et de spéculations faites sur des terrains.

Ah ! j'oubliais : plus tard j'ai marchandé un petit fourneau économique.

On me l'a fait huit cents francs.

Je n'étais pas encore assez économe pour faire de pareilles économies.

Toutes ces histoires, qui ressemblaient fort à des contes étaient faites pour répandre tout ensemble l'espérance et l'effroi dans le cœur des pauvres débarqués.

Nous restions vingt-cinq de notre société : quatre étaient partis dès le même jour pour les mines.

C'étaient ceux qui avaient de l'argent.

Cela ne nous étonna point qu'à Valparaiso les rapports eussent été si contradictoires. A peine si, à San-Francisco même, on savait à quoi s'en tenir. Les placers les plus proches, c'est-à-dire ceux du San-Joaquin, étaient à dix ou douze journées de la ville.

Si opposés que fussent les bruits qui arrivaient d'écho en écho, c'était cependant encore le métier de chercheur d'or qui était le plus couru.

Mais c'était comme pour être mendiant à Saint-Eustache et à Notre-Dame-de-Lorette : il fallait déjà être riche pour se faire chercheur d'or.

Au reste, au moment de notre départ pour les mines, nous nous appesantirons sur les détails, et l'on verra quelle mise de fonds il faut à peu près pour remonter le Sacramento ou le Joaquin, et se faire mineur.

Voilà pourquoi je disais que les plus riches seulement avaient pu partir pour les placers.

On sait que je n'étais pas de ces plus

riches, puisque j'ai retourné ma bourse devant mes lecteurs.

La question était donc de gagner la somme nécessaire au départ.

Par bonheur j'avais dans Tillier, arrivé, comme je l'ai dit, quinze jours avant moi, un excellent initiateur à la vie californienne.

Nous restâmes quatre jours au camp français, occupés seulement à établir notre bivouac.

Puis, le cinquième jour, chacun commença de travailler selon ses moyens, et à travailler pour la communauté, mais ce travail en communauté ne dura que quatre autres jours.

Le cinquième, la société fut dissoute.

Notre première industrie avait été de couper du bois dans la forêt située sur la route de la Mission et de vendre ce bois.

Nous avions trouvé un marchand qui nous l'achetait à raison de 90 piastres la corde, 470 francs à peu près.

Ce bois était du petit chêne bon à brûler. Nous le transportions sur des civières, après l'avoir ébranché et scié.

Il était permis à tout le monde d'abattre du bois.

Cette forêt aujourd'hui, à part quelques bouquets d'arbres qui semblent demeurés comme échantillons de ce qu'elle était, n'existe plus.

Ces bouquets sont demeurés les jardins de quelques maisons qui commencent à s'élever sur la route de la Mission, et qui seront un jour un des faubourgs de la ville.

Nous avons dit que cette association avait duré quatre jours : au bout de quatre jours nous pouvions avoir gagné une centaine de francs chacun et nous nous étions nourris.

Cette première association rompue, chacun sépara ses tentes et ses effets des effets et des tentes des camarades, et commença de chercher fortune à sa fantaisie.

Je m'abandonnai à l'expérience de Tillier. Il me conseilla de me faire portefaix comme lui, et, jeune et vigoureux, j'allai, avec ma civière et mes crochets, m'appuyer à l'angle d'une maison du port.

C'était au reste un excellent métier

dans lequel, grâce aux arrivages, la besogne ne manquait pas. Tillier et moi portions les petits fardeaux sur nos crochets, les gros sur notre civière, et il y avait telle journée où à ce métier qui rapporte cinq ou six francs à Paris, je gagnais à San-Francisco dix-huit et vingt piastres.

Au reste, c'est pour la Californie qu'a été fait le proverbe : Il n'y a pas de sots métiers. J'y ai vu des médecins balayeurs et des avocats laveurs de vaisselle.

On se reconnaît, on se serre la main et on rit. Chacun, en partant pour San-

Francisco doit faire provision d'une somme de philosophie égale à celle de Lazarille, de Tormès et de Gil Blas.

Au reste, j'étais devenu aussi économe là-bas que j'avais parfois été dépensier en France. Je vivais avec cinq ou six piastres par jour, trente à trente-cinq francs, ce qui était de la lésinerie.

Mais j'avais un but.

Ce but était d'amasser une somme suffisante à notre départ. Je tendais toujours pour certain que le véritable Eldorado était aux placers.

En deux mois, j'eus amassé près de

quatre cents piastres, un peu plus de deux mille francs.

Tillier, arrivé quinze jours avant moi, avait à peu près deux cents piastres de plus que moi.

Pendant ces deux mois où je m'étais fait commissionnaire, j'avais eu le temps de parcourir et d'examiner la ville.

Nous avons dit comment la ville de San-Francisco avait pris naissance. — Disons ce qu'elle était à notre arrivée, c'est-à-dire un peu moins de dix-huit mois après sa fondation.

A notre arrivée en Californie, on pouvait compter, tant à San-Francisco qu'aux mines, à peu près cent vingt mille hommes.

Notre arrivée, nous l'avons dit, avait augmenté le nombre des femmes de quinze.

Au reste, comme si, dans ce nouveau monde ainsi que dans l'ancien, le superflu devait former l'avant-garde du nécessaire, plusieurs salles de spectacle avaient été construites, et entre autres celle dont nous avons parlé, située rue Washington, et où Hennecart était engagé.

Pour jouer la comédie dans cette salle, il ne manquait à notre arrivée qu'une chose, des acteurs.

Par bonheur, le navire qui avait porté M. Jacques Arago, resté à Valparaiso à la suite d'une émeute, portait aussi un acteur nommé M. Delamarre.

M. Delamarre, arrivé à San-Francisco, se trouva seul; par conséquent pas de concurrence.

M. Delamarre commença par engager deux femmes, l'une arrivée à bord du *Suffren* et l'autre à bord du *Cachalot*.

On se rappelle que le *Cachalot* était notre bâtiment.

La première de ces dames s'appelait Hortense, la seconde Juliette.

Puis, ce premier noyau formé, il recruta à droite et à gauche, et, un mois après notre arrivée, une troupe était à peu près organisée.

Jusque-là, le théâtre n'avait servi qu'à des bals masqués, modelés sur ceux de l'Opéra; seulement, vu l'absence de femmes, on s'intriguait entre hommes.

Mais il y avait une institution qui, si pressés que fussent les théâtres d'ouvrir leurs portes au public et leurs fenêtres à l'air, avait précédé concerts, bals masqués et représentations :

C'étaient les maisons de jeu !

A peine l'or fut-il trouvé, qu'il fallut trouver un moyen de le dépenser.

Or, le jeu, c'est le moyen par excellence.

C'était en vérité une chose curieuse que l'organisation intérieure d'une de ces maisons.

La plus fashionable, la plus courue,

la plus riche en minerai était celle qu'on appelait l'Eldorado.

Nous avons dit en minerai, parce que là, il est extrêmement rare que l'on joue de l'or ou de l'argent monnayé.

Là, littéralement, on joue des montagnes d'or.

Aux deux bouts de la table sont des balances pour peser les lingots.

Quand on n'a plus de lingots, on joue sa montre, sa chaîne, ses bijoux.

Tout est bon pour la mise, tout a son estimation, tout a son prix.

Seulement, on va là comme à un combat : le fusil sur l'épaule, les pistolets à la ceinture.

Tout ce qu'il y avait de femmes à San-Francisco venait risquer là, le soir, le prix du *travail* de la journée, et elles se faisaient remarquer par leur acharnement à jouer et leur facilité à perdre.

Là était proclamée l'égalité la plus absolue : banquiers et portefaix jouaient à la même table.

Là étaient des *bars*, grands comptoirs sur lesquels on débitait des liqueurs.

Tout petit verre, toute demi-tasse, toute cerise ou prune à l'eau-de-vie se vendait deux réaux du Chili, c'est-à-dire un franc vingt-cinq centimes.

Les musiciens étaient installés dans la salle et faisaient concert depuis le matin jusqu'à dix heures du soir.

A dix heures du soir leur journée était finie ; on les renvoyait. Les joueurs enragés restaient et s'égorgeaient en petit comité.

Nous avons dit que les femmes surtout se faisaient remarquer par leur acharnement à jouer et leur facilité à perdre.

C'est que la population féminine s'augmentait de jour en jour, et rapidement.

Nous avons parlé des bâtiments partis pour faire la traite des femmes.

Voici quelle était la spéculation de ces négriers d'une nouvelle espèce, dont l'industrie n'avait pas été prévue dans le traité du droit de visite.

Ils jetaient l'ancre aux endroits les plus fréquents de la côte occidentale de l'Amérique du Sud, depuis le cap blanc

Zurgua Valdevia, et là, ils faisaient un appel à toutes les jolies femmes dont l'esprit aventureux voulait tenter la fortune en Californie. Or, sur ce point du globe, les jolies femmes au doux parler espagnol ne sont pas rares. Le capitaine du bâtiment faisait donc marché avec elles à la somme de soixante piastres, passage et nourriture compris; puis, arrivées à San-Francisco, chacune se vendait de son mieux au plus offrant des amateurs qui accouraient attirés par le chargement. En général, le prix variait de trois à quatre cents piastres, de sorte que, les soixante piastres remboursées au capitaine, il restait encore un honnête bénéfice à la femme qui, après avoir été l'objet de la spéculation, finissait par y être associée.

Or, il arrivait parfois que le lendemain du jour où la femme s'était vendue trois ou quatre cents piastres, mécontente sans doute de son marché, elle se sauvait de chez son acquéreur, et se revendait à un autre. Or, comme il n'y avait pas de loi qui protégeât ou garantît ce trafic, les acquéreurs en étaient pour leurs trois ou quatre cents piastres.

Au reste, toutes les autres industries s'élevaient concurremment avec celle-là.

A la tête des industries essentielles, plaçons la boulangerie,

Les boulangers étaient presque tous des Américains et des Français qui faisaient d'excellent pain. Ce pain, d'un dollar ou d'une piastre qu'il avait d'abord valu la livre, était, comme nous l'avons dit, tombé à un franc vingt-cinq centimes, prix qu'il valait à notre arrivée en Californie, et prix qu'il vaut encore aujourd'hui, à ce que je présume.

Venaient ensuite les épiciers, tous Américains, ce qui était fort triste pour les nouveaux débarqués qui ne savaient point l'anglais, attendu qu'un épicier américain qui ne comprend pas ce que vous lui demandez, a cela de commun avec un marchand turc quelconque, c'est qu'il ne se donne point la peine de chercher à comprendre; donc, du moment où il n'a pas compris du premier coup, c'est à vous de chercher dans les tonneaux, dans les caisses, dans les tiroirs, la chose dont vous avez besoin ; quand vous l'avez trouvée, vous n'avez qu'à l'apporter sur le comptoir, et alors l'épicier consent à vous la vendre.

Venaient ensuite les cafés chantants : c'étaient les grands cafés ; ils attiraient beaucoup de monde ; le plus considérable s'appelait à la fois de trois noms : le Café de Paris, le Café des Aveugles et le Café du Sauvage.

On y chantait la chansonnette ni plus ni moins qu'au café du passage Verdeau ou que dans les Champs-Élysées.

Dans le café de l'Indépendance, c'était mieux encore, on y chantait le grand opéra.

La consommation seule était payée.

Il est vrai que la consommation était chère. Nous avons dit ce que valait le petit verre : deux réaux du Chili ; la bouteille de lait se vendait une piastre, la bouteille de bordeaux trois piastres, la bouteille de champagne cinq.

Les restaurateurs étaient en général des Chinois, faisant tout à la mode de leur pays ; c'était une abominable cuisine.

Les aubergistes étaient Français ; on les reconnaissait aux titres de leurs hôtels.

C'étaient l'hôtel Lafayette, l'hôtel Laffitte, l'hôtel des Deux-Mondes.

Quelques modistes charmantes étaient établies ; mais comme il n'y avait à mon arrivée en Californie que vingt à vingt-cinq femmes, et à mon départ que deux à trois mille, celles qui s'en étaient tenu aux simples bénéfices de leurs établissements avaient beaucoup souffert.

Cependant, lors de mon départ, ces établissements commençaient à prospérer.

Peu à peu aussi les cultivateurs arrivaient, apportant des grains. Ils visitaient les emplacements, achetaient ceux qui leur convenaient et commençaient des défrichements.

Ces terres appartenaient au gouvernement américain ou à des émigrés du Mexique.

En général les acquéreurs payaient en récoltes le prix de leurs acquisitions.

Don Antonio et don Castro, son frère, qui ont fait le commerce, sont aujourd'hui riches de cinq à six millions.

Ils possèdent tout le littoral occidental de la baie de San-Francisco, et le littoral est couvert de troupeaux immenses.

Restait maintenant le métier de chercheur d'or, le plus séduisant et le plus couru de tous les métiers ; celui que nous étions venus embrasser Tillier et moi, et dont les brillantes promesses nous avaient donné le courage de faire de si rapides économies.

VII

Les Placers.

Lorsque nous eûmes atteint le chiffre que nous nous étions fixé à nous-mêmes, c'est-à-dire lorsque je fus possesseur de 400 piastres, et Tillier de 600, nous résolûmes de quitter San-Francisco et de partir pour les placers.

Restait à faire un choix entre le San-Joaquin et le Sacramento.

La question fut débattue avec ses avantages et ses désavantages ; enfin, nous nous décidâmes pour le San-Joaquin, qui est moins éloigné que le Sacramento, et dont les mines passent pour être aussi riches.

Seulement, c'était une grande affaire que ce voyage.

D'abord, les bâtiments caboteurs, et ce commerce que nous avons oublié de mentionner est un des plus considérables de la Californie, d'abord les bâtiments caboteurs prennent, nourriture non comprise, quinze piastres par hommes pour conduire jusqu'à Stockton. Or, comme les premiers placers, qui accompagnent presque toujours le cours des petites rivières, affluant au Joaquin ou au Sacramento, sont pour le Joaquin encore distant de 25 à 30 lieues de Stockton, il faut, à Stockton, acheter un mulet pour transporter jusqu'au placer ses vivres et ses ustensiles de travail.

Nos ustensiles de travail ainsi que notre tente furent achetés par nous à San-Francisco avant notre départ, car, chose que l'on pourrait croire impossible, tout renchérit encore au fur et à mesure que l'on s'enfonce dans les terres.

Nos ustensiles de travail se composaient de pelles, de pioches, de piques et de battées.

Une battée suffisait pour nous deux Tillier, puisque dans les associations à deux le travail se partage : l'un mine, l'autre lave.

La battée, instrument dont on se sert pour le lavage des terres, est une sébile en bois ou en ferblanc de 12 à 16 pouces de diamètre, de forme conique, mais peu profonde et parfaitement unie au dedans.

Ces sébiles, selon leur grandeur, peuvent contenir de huit à douze litres ; elles se remplissent aux deux tiers de terre, que l'on commence par bien frotter et bien laver en tenant la sébile sous l'eau afin de séparer l'or de la terre et des pierres. Puiser de l'eau nouvelle, imprimer à la battée un mouvement oscillatoire à l'aide duquel on détache et rejette les parties plus légères que l'or, telle est la besogne du laveur, qui doit se tenir constamment dans l'eau jusqu'à la ceinture.

Le mineur est celui qui fait le trou et qui tire la terre de l'excavation.

Nous partîmes de San-Francisco le..... .... et nous arrivâmes à Stockton le............

Nous remontâmes par la baie de San-Pablo, nous traversâmes la baie de Suiron, nous laissâmes à notre gauche cinq ou six îles qui n'ont pas encore de nom, et qui feront un jour des jardins comme les îles d'Asnières et de Neuilly. Nous arrivâmes à l'embranchement du Sacramento et du San-Joaquin, puis nous abandonnâmes le Sacramento, qui s'élance vers le nord, pour suivre le San-

Joaquin qui s'en écarte brusquement et descend vers le sud.

Le premier affluent du Joaquin se compose de la réunion de trois rivières : la rivière Cosurnes, la rivière Mokelems.

La troisième rivière, celle du milieu, n'a pas encore de nom.

Elles arrosent des plaines d'une admirable fertilité, mais qui, aujourd'hui, sont encore envahies par les herbes sauvages, et particulièrement par la moutarde, dont les fleurs, d'un jaune brillant, se détachent resplendissantes comme cet or que l'on va chercher, sur le feuillage sombre des chênes.

De temps en temps on aperçoit une colline toute couverte de belle avoine, si haute qu'un homme à cheval y disparaît presque tout entier.

A vingt milles plus bas, la rivière Calaveras se jette à son tour dans le San-Joaquin.

Celle-là arrose de splendides prairies aux herbes dorées par le soleil ; tout son cours est tracé par des chênes et par un charmant arbrisseau tout couronné de fleurs bleues dont la douce senteur arrivait jusqu'à nous.

A Stockton, ville de création toute nouvelle, comme l'indique son nom, et qui a été improvisée depuis deux ans, nous achetâmes deux mulets et nos provisions.

Les mulets nous coûtèrent cent vingt piastres chacun.

Quant aux provisions, elles se composaient de cinquante livres de farine qui nous coûtait très bon marché, attendu qu'elle était avariée, et que, grâce à cette avarie, nous avions eu ces cinquante livres pour sept piastres.

Plus, deux jambons qui nous coûtaient 22 piastres.

De quinze livres de biscuits qui nous coûtaient 2 fr. 50 c. la livre.

D'un pot de saindoux, à une piastre et demie la livre.

De vingt livres de haricots et de trois ou quatre livres de sel à douze sous la livre.

Tous ces achats faits, la dépense de la route faite depuis San-Francisco jusqu'à Stockton, de mes 400 piastres il m'en restait 120.

Un mulet fut chargé de nos ustensiles, un autre de nos provisions.

Nous partîmes pour le camp de Senora, distant de quarante lieues à peu près de Stockton, et situé au-dessus de Mormon-Diggins, entre la rivière Stanislas et la rivière Toulème.

Nous comptions faire ces quarante lieues en chassant. J'avais mon fusil, ma baïonnette et mes pistolets tout neufs, rien de tout cela ne m'ayant encore servi.

Tillier, assez bon chasseur, était aussi bien armé que moi.

A partir de Stockton jusqu'au Stanislas, qui est la première rivière qu'on rencontre, on traverse des plaines magnifiques toutes parsemées d'arbres tout émaillés de ces fleurs bleues dont j'ai déjà parlé, et que je reconnus, en les regardant de plus près, pour des lupins, et d'une autre fleur rouge-orange recherchant l'ombre des chênes, et que j'ai su depuis être le *pappy californica.*

Ces bouquets d'arbres étaient peuplés d'oiseaux magnifiques, de geais bleus, de pies tachetées, de faisans et d'une charmante perdrix huppée particulière à la Californie.

Quant aux quadrupèdes que nous

rencontrâmes, c'étaient des écureuils gris et jaunes, des lièvres à immenses oreilles et des lapins de la grosseur d'un rat.

Nous fîmes lever quelques chevreuils, mais nous ne pûmes en tuer.

Au delà du Stanislas, qu'on passe sur un pont de bateau, et dont, soit dit entre parenthèse, le passage nous coûta une piastre à chacun, nous continuâmes notre route, entrant dans des bois plus épais et commençant à gravir les premiers échelons de la montagne.

Quand nous ne voulions pas nous

écarter à droite et à gauche pour chasser, nous avions une belle route frayée par les mulets et les voitures, et sur laquelle, à chaque instant, nous rencontrions des caravanes portant aux placers des vivres et des marchandises, ou revenant à vide pour charger à Stockton ou à San-Francisco.

Le soir venu nous dressions nos tentes, nous nous enveloppions dans nos couvertures et nous dormions.

Nous arrivâmes à Sonora le cinquième jour après notre départ de Stockton ; mais à Sonora nous ne restâmes que vingt-quatre heures, car nous apprîmes par des camarades, de ceux-là mêmes qui étaient partis avec nous et que nous retrouvâmes, que les mines étaient mauvaises ; mais en même temps ils nous dirent que du côté du Passo del Pin de nouvelles mines avaient été découvertes que l'on disait beaucoup plus abondantes.

Le Passo del Pin était situé à trois ou quatre lieues de Sonora, dans une vallée profondément enfoncée entre deux montagnes.

Un chemin d'ailleurs était déjà tracé du camp de Sonora au Passo del Pin, à travers d'admirables forêts de chênes et de sapins, plus abondantes en gibier qu'aucune de celles que nous avions encore vues.

Arrivés au Passo del Pin, vers cinq heures du soir, nous n'eûmes que le temps de mettre nos mules paître, de dresser notre tente et de faire notre souper.

D'ailleurs, nous avions si grande hâte de nous mettre à la besogne, que, dès le soir nous cherchâmes une place où creuser.

On nous prévint alors que la place n'était point au choix des travailleurs, mais leur était désignée par un alcade.

Nous nous présentâmes chez cet alcade : il logeait, comme le commun des martyrs, sous une tente.

Par bonheur, c'était un brave homme qui nous reçut assez bien. Pour utiliser ses moments perdus, il tenait un débit de liqueurs, raison pour laquelle il désirait fixer autour de lui le plus grand nombre de travailleurs possible.

Aussi, secondant de son mieux notre impatience, le même soir il nous accompagna, nous mesura notre place avec des piquets. C'était à nous de nous assurer le lendemain si cette place était bonne ou non.

Ce choix arrêté, nous allâmes prendre un petit verre chez l'alcade, puis nous rentrâmes chez nous.

Le lendemain, à sept heures du matin, nous nous mîmes à la besogne, fouillant tous les deux à l'envi sur un espace de six pieds carrés.

A deux pieds de profondeur nous trouvâmes le roc.

Cette trouvaille compliquait fort la situation, car nous n'avions aucun des instruments qui nous eussent été nécessaires pour le briser ou l'extraire ; nous creusâmes alors en dessous et fîmes sauter le rocher avec de la poudre. Nous eussions fait sauter une cathédrale tant nous avions cœur à l'ouvrage.

Pendant cinq jours, nous continuâmes à extraire des pierres et de la terre.

Enfin le sixième jour, nous trouvâmes la terre rougeâtre qui signale la présence de l'or.

Cette terre rougeâtre couvre ordinairement dans l'épaisseur d'un pied ou d'un pied et demi la terre aurifère. Elle est fine, légère et très douce au toucher, et presque entièrement composée de silice.

Arrivés à la couche aurifère, nous remplîmes notre battée, nous courûmes au petit ruisseau du Passo del Pin, et nous commençâmes l'opération du lavage.

Nous obtînmes un résultat en poudre d'or.

Ce résultat pouvait valoir dix francs à peu près.

C'est égal, c'était non pas le premier or que nous voyions, mais que nous récoltions nous-mêmes.

Si médiocre que fût cette première tentative, nous ne perdîmes point courage.

Nous travaillâmes huit jours ; mais, en huit jours, nous ne recueillîmes pas plus de trente piastres d'or.

Alors, voyant que la mine ne nourrissait pas le mineur, nous apercevant que nos provisions s'épuisaient, et ayant appris que l'on obtenait du côté de la Sierra-Nevada de meilleurs résultats, nous levâmes notre tente, nous rechargeâmes nos mulets et nous nous remîmes en route.

C'était le 1er mai 1850.

VIII

La Sierra-Nevada.

La Sierra-Nevada, autrement dit la Chaîne-Neigeuse, vers laquelle nous allons nous acheminer, mesure toute l'étendue de la Californie du nord-nord-ouest au sud-sud-est. Cette chaîne est beaucoup plus élevée que celle des monts

Californiens. De là le bail éternel qu'elle a fait à la neige. Son développement est immense, et à des intervalles presque égaux, elle offre à la vue de larges plateaux boisés, du centre desquels s'élancent des pics volcaniques qui s'élèvent à douze ou quinze mille pieds au dessus du niveau de la mer.

Ce sont ces pics isolés qui sont entièrement couverts de neige et qui ont fait donner à cette chaîne le nom de Sierra-Nevada.

Elle s'élève lentement de terrasse en terrasse ; les premières pentes sont des collines, les autres des montagnes, et ces montagnes deviennent de plus en plus rapides à mesure qu'elles s'approchent de la région des neiges éternelles. La distance de leur base à leur sommet est en général de 26 à 28 lieues.

Comme dans les Alpes, cet espace est divisé en régions où poussent certains arbres à l'exclusion de certains autres : à la base de la montagne, ce sont des chênes; au-dessus des chênes, ce sont les cèdres; au-dessus des cèdres, ce sont les pins.

Cependant les pins qui poussent dans la région supérieure, et qui font le couronnement ordinaire des montagnes, poussent aussi dans les autres régions.

C'est entre les monts Californiens et la Sierra-Nevada que sont enfermés tous ces riches dépôts d'or qui attirent en Californie des échantillons de la race humaine fournis par toutes les nations.

En se réunissant au sud, ces deux chaînes de montagnes forment la magnifique vallée des Tucares, la plus fertile ou du moins une des plus fertiles de la Californie.

Le matin de notre départ, qui avait eu lieu à onze heures, voyant que notre battée de ferblanc ne nous donnait que de lents et médiocres résultats, nous résolûmes de faire une machine à laver.

Seulement, nous manquions de tout pour faire cette machine.

Le fond de la machine, c'était d'abord une douzaine de planches de six pouces de large et de deux à trois pieds de long.

Faire des planches nous-mêmes, c'était perdre un temps qui nous devenait de plus en plus précieux ; acheter des planches, nous n'étions pas assez riches pour cela.

J'eus alors l'idée d'aller au camp américain, situé à une lieue et demie de l'endroit où nous étions et où nous savions qu'on expédiait du vin en caisses.

Nous achetâmes deux de ces vieilles caisses vides moyennant une piastre chacune, et des clous qu'on nous vendit hors de prix.

Restait une plaque en tôle. J'eus le bonheur de trouver, au moment où nous allions nous décider à faire cette acquisition, un morceau de vieille tôle arrachée à la selle d'une mule, et, qui, sans doute lui servait de doublure.

A huit heures du matin, nous étions revenus à notre tente et nous nous étions mis aussitôt à exécuter notre machine, que nous eûmes achevée en deux heures à peu près, à l'aide d'une scie, d'une plane et de nos couteaux.

Nous nous mîmes aussitôt à l'essayer pour voir si elle ne fuyait pas. Nous avions parfaitement réussi.

Nous n'avions plus qu'à partir pour la Sierra-Nevada et à trouver de bonnes places.

A onze heures, comme je l'ai dit, nous nous mîmes en route, gravissant la première montagne que nous avions devant nous.

Là, plus de chemin frayé. Par une chaleur extrême, nous montions à travers ces hautes herbes dont j'ai déjà parlé. Les mules nous conduisaient à leur fantaisie, et il faut leur rendre cette justice qu'elles savaient trouver le meilleur chemin, ce qui ne nous empêchait pas de temps en temps de tomber littéralement de lassitude sous des bouquets d'arbres, bouquets presque toujours composés de chênes et de sapins.

Deux fois dans cette ascension nous

trouvâmes de l'eau courante et descendant à la rivière.

Au second ruisseau nous nous arrêtâmes, nous fîmes boire nos mules, nous leur laissâmes manger un peu d'herbe, et nous mangeâmes nous-mêmes.

A cinq heures du soir nous nous remîmes en route. Nous voulions campe au haut de la montagne ; mais nous n'en atteignîmes le sommet qu'à neuf heures et demie du soir.

La lune était magnifique, nous n'avions rencontré aucun animal inquiétant, quoiqu'on nous eût beaucoup parlé de serpents à sonnettes, de vipères et même de boas. Mais tous fuient devant l'homme, et s'ils s'en rapprochent parfois, c'est, comme je le dirai dans une autre occasion, pour chercher la chaleur.

Nous campâmes donc assez tranquille sur notre nuit, et avec l'intention de repartir le lendemain au petit jour.

Cependant une chose nous inquiétait : nous savions ce qu'avait été la montée, rude ; nous ne savions pas ce que serait la descente.

Au point du jour nous vîmes une pente

douce toute en prairies et en arbres ;
cette pente nous conduisait aux bords
du Murphys, un des principaux affluents
de la rivière Stanislas.

Plus de difficultés, de l'eau partout ;
quelque chose comme un coin du paradis.

Malheureusement, il n'y a pas de paradis pour les chercheurs d'or ; de
même que le Juif-Errant a derrière lui
l'ange qui lui dit : Marche ! le mineur
a derrière lui le démon qui lui dit :
Cherche !

Nous arrivâmes près de la rivière ; les

bords en sont escarpés. Nous les longeâmes pendant une heure à peu près, et nous campâmes à un kilomètre environ d'une haute montagne que nous avions côtoyée, à sept ou huit heures à peu près des premières pentes de la Sierra-Nevada.

Le lendemain, au point du jour, nous nous remîmes en route; depuis que nous avions quitté le Sonora, nous n'avions rencontré âme qui vive.

Et cependant d'autres personnes avaient déjà tenté le même voyage que nous, et l'avaient fait; mais elles étaient arrivées au moment de la fonte des neiges, et la quantité d'eau qui tombait de la montagne submergeait les plateaux inférieurs sur lesquels se trouve l'or.

Nous arrivâmes vers dix heures du matin au but que nous nous étions proposés. Sur plusieurs plateaux plus ou moins élevés, nous reconnûmes les traces d'anciens travaux.

C'était un antécédent qui nous indiquait que c'était là qu'il fallait fouiller ; nous dressâmes notre tente, nous lâchâmes nos bêtes et nous nous mîmes à chercher une place.

Au reste, comme aucun signe extérieur

n'indique les bons ou les mauvais endroits ; c'est affaire d'heur ou malheur.

Nous nous mîmes à la besogne ; mais à peine eûmes-nous creusé à la profondeur de deux pieds, que l'eau jaillit sous nos coups de pioche.

Cette eau rendait tout travail impossible.

Nous gravîmes la pente que nous avions devant nous ; nous fîmes deux ou trois autres trous, mais toujours, à une plus ou moins grande profondeur, nous trouvâmes de l'eau.

Cependant nous ne perdions pas tout espoir. Nous avions rencontré quelques filons de terre rougeâtre ; mais au lavage elle ne nous donna rien.

Alors nous essayâmes d'une *cagnade*.

La *cagnade* est l'agrandissement ou le détournement d'un ruisseau.

Nous trouvâmes par ce moyen quelques paillettes d'or, mais en très petite quantité.

Nous revînmes à notre tente fort découragés. Cette fois, nous nous trouvions, les rêves évanouis, en face d'une effrayante réalité.

Nous avions dépensé plus de 600 piastras et nous n'avions pas recueilli pour 200 fr. d'or.

Nous dînâmes d'assez bon appétit cependant; car tout ce qui nous restait d'espoir était dans nos forces.

Notre dîner se composait d'une soupe au jambon, de quelques haricots de la veille et de tortilles au lieu de pain.

La tortille est une espèce de galette de farine aplatie entre les mains et cuite sous la cendre.

Le souper achevé, nous fîmes nos préparatifs de nuit.

A la hauteur où nous étions campés, c'est-à-dire à trois mille pieds à peu près au niveau de la mer, les nuits commencent à être fraîches. Cette circonstance nous avait fait alimenter pour la nuit le feu de notre souper, placé juste à l'entrée de notre tente; il nous chauffait les pieds.

Nous commencions à nous endormir lorsque, dans le lointain, nous entendîmes quelque chose comme un cri plaintif et prolongé. Comme nous l'avions entendu tous deux, nous nous soulevâmes tous deux et, par un mouvement instinctif, étendîmes la main vers nos fusils.

Un instant après, différents cris, pareils au premier, se firent entendre plus rapprochés, et nous reconnûmes que c'était le hurlement des loups.

Ceux qui poussaient ces hurlements descendaient de la montagne que nous avions contournée dans la matinée. Ces hurlements continuaient toujours d'aller en augmentant et en se rapprochant.

Nous écartâmes nos couvertures et sautâmes sur nos fusils.

Mais l'alerte fut courte : les loups suivirent les bords du Murphys et allèrent se perdre dans la Sierra.

Selon toute probabilité, ils ne nous avaient éventés ni nous ni nos mules.

C'étaient surtout nos mules qui nous préoccupaient. Elles étaient attachées au piquet, à quarante pas de nous à peu près. Nous sortîmes, le fusil à la main, et allâmes les chercher, puis nous revînmes les attacher aux piquets mêmes de la tente, et nous attendîmes le jour.

Le reste de la nuit fut assez tranquille et nous permit de sommeiller.

Le jour venu, nous nous remîmes en route. Cette fois, nous revenions sur nos pas et, au lieu de remonter le cours du Murphys, nous le descendions.

Nous nous arrêtâmes à onze heures et demie : nous dînâmes, et à une heure nous fîmes un nouvel essai de fouille.

Là, nous trouvâmes encore un peu d'eau, mais pas assez pour empêcher le travail. A la profondeur de cinq ou six pieds, la terre rougeâtre s'offrit à nous.

C'était une espèce de gravier qui nous parut excellent. Nous le recueillîmes, nous le passâmes, et, après cinq heures de travail, nous avions recueilli une once d'or à peu près, c'est-à-dire pour une somme de 90 à 100 fr.

Enfin, nous avions donc trouvé une bonne place : nous résolûmes d'y rester.

Nous rentrâmes plus gais que la veille et nous promettant encore un meilleur lendemain, puisque nous n'avions travaillé que cinq heures et que le lendemain nous espérions bien travailler le double.

Nous avions, ce soir-là, pris le soin de rapprocher nos mules et de faire un bon feu. Cependant, comme nous craignions de manquer de bois, tandis que je préparais le souper, Tillier prit la hache et partit pour aller faire un fagot.

Dix minutes après, je le vis, à la lueur de la lune, revenir vers notre tente ; il n'avait pas de fagot et marchait à reculons, visiblement préoccupé d'un objet que son œil cherchait dans la demi obscurité de la nuit.

— Eh! lui demandai-je, qu'y a-t-il donc?

— Il y a, me répondit-il, que nous sommes au milieu des loups et que, ce soir, ils nous ont éventés.

— Ah bah!

— Mon cher, je viens d'en voir un.

— Un loup?

— Oui; il descendait de la montagne. Nous nous sommes aperçus en même temps, et nous nous sommes arrêtés tous deux.

— Où cela?

— A cent pas d'ici à peu près. Comme il ne bougeait pas, ni moi non plus, j'ai pensé que cela pourrait durer longtemps ainsi et que tu serais inquiet; alors, je suis revenu.

— Et lui?

— Lui, ne me voyant plus, aura continué son chemin.

— Prenons les fusils et allons examiner cela de près.

Nous prîmes les fusils : depuis la veille ils étaient chargés à balles. Tillier marcha devant ; je le suivis.

A peu près à trente pas de la rivière, Tillier s'arrêta, et, tout en me recommandant le silence, me montra du doigt le loup assis sur le bord d'un de ces petits ruisseaux qui viennent transversalement se jeter dans le Murphys.

Il n'y avait pas à douter : ses deux yeux fixés sur nous brillaient dans la nuit comme deux charbons ardents.

Nos deux fusils s'abaissèrent d'un même mouvement, et les deux coups ne firent qu'une seule détonation.

Le loup tomba la tête en avant et roula jusque dans le ruisseau.

Les deux coups réunis en un seul avaient eu un effroyable retentissement dans la montagne.

Nous allâmes au loup. Il était mort. Les deux balles avaient porté, l'une au cou, l'autre dans la poitrine.

Nous le traînâmes jusqu'à notre tente.

La nuit fut terrible : les loups passaient et repassaient par bandes autour de nous. Nos mules, effrayées, tremblaient de tout leur corps.

Notre feu les tint cependant éloignés ; mais nous ne dormîmes pas un seul instant.

IX

Les Américains.

Il était impossible de songer à demeurer où nous étions : les loups, écartés une nuit, pouvaient revenir les nuits suivantes, s'encourager, dévorer nos mules et nous dévorer nous-mêmes.

Ce n'était pas là notre but en venant en Californie.

Le lendemain, nous continuâmes donc à redescendre la rivière, à creuser des trous et à faire des cagnades.

Nous recueillions de l'or, mais très peu, pas pour un franc par battée. Décidément, rien ne valait la place que nous avions quittée. Aussi, malgré les loups, nous consultions-nous, enhardis par le grand jour, pour savoir si nous ne devions pas y retourner, quand tout à coup nous aperçûmes un ours noir qui descendait tranquillement de la montagne.

La tentation fut grande, et nous avions bonne envie de tirer dessus; mais une tradition fort en crédit en Californie nous retint. Les Indiens prétendent qu'un ours blessé par le chasseur va rejoindre les autres ours, et que tous ensemble reviennent sur le chasseur.

Ce n'est pas probable le moins du monde ; mais nous n'étions pas faits encore à la solitude et à l'isolement, et notre peu d'habitude de ce pays nouveau nous faisait un peu timides.

Nous résolûmes donc de revenir au Passo del Pin directement pour y travailler.

Nous repliâmes notre tente, nous rechargeâmes nos mules, nous nous orientâmes et nous nous remîmes en route.

Le lendemain, nous vîmes, dans un pli de terrain tout verdoyant, un chevreuil qui broutait. Nous fîmes feu sur lui tous deux et l'atteignîmes tous deux.

C'était à la fois une économie et une spéculation.

Nous coupâmes notre chevreuil par morceaux, nous le chargeâmes sur nos mules, et, au Passo del Pin, nous en vendîmes la moitié pour vingt-cinq piastres.

De retour à notre point de départ,

nous nous aperçûmes que le travail commencé par nous avait été continué par d'autres, puis abandonné faute d'outils.

Tous les travailleurs trouvaient de l'or; mais il n'y avait que ceux qui étaient réunis en nombreuse société qui faisaient quelque chose. Or, les sociétés, ou plutôt les devoirs qu'elles entraînent les uns envers les autres sont antipathiques au caractère français, tandis qu'au contraire les Américains semblent prédestinés à l'association.

Ce fut là où je vis un exemple de la rapacité des médecins. Un Américain était malade : il envoya chercher un docteur, Américain comme lui. Il vint le voir trois fois et réclama une once d'or par visite. Il lui vendit une potion de quinine et lui demanda deux onces. C'était quelque chose comme 480 francs.

Il en résulte qu'une fois en Californie, le malade aime mieux se laisser mourir que d'envoyer chercher le médecin.

Nous pouvions être, au Passo del Pin, cent vingt ou cent trente travailleurs.

Cependant trente-trois Français, Bordelais et Parisiens, s'étaient réunis, et un peu au-dessous du camp ils avaient détourné la rivière.

Ce travail leur avait pris quatre mois.

Pendant ce travail, ils avaient mangé leurs provisions et épuisé leur argent.

Mais, au moment où ils allaient recueillir le fruit de leurs sacrifices, cent vingt Américains, qui n'attendaient que ce moment, se présentèrent à eux et leur déclarèrent qu'ils s'emparaient du Passo del Pin, que la rivière était un cours d'eau américain, que personne, excepté les Américains, n'avait, en conséquence, le droit de changer le cours d'eau ; qu'ils eussent donc à s'en aller, ou bien, dans le cas contraire, comme ils étaient cent vingt et parfaitement armés, pas un Français ne sortirait de la rivière.

Les Français étaient parfaitement dans leur droit; mais comme l'alcade était Américain, il donna naturellement droit à ses compatriotes.

Force fut aux Français de céder. Les uns se retirèrent à San-Francisco, les autres à Sonora, les autres à Murphys, d'autres, enfin, restèrent à faire des cagnades pour ne pas s'en retourner tout à fait misérables.

Au reste, le vol ne profita pas aux Américains. Le bruit de cette déprédation se répandit dans les environs; tous les Français des Mormons et de James-Town accoururent, restèrent cachés entre les deux montagnes, et pendant la nuit rendirent la rivière à son cours naturel.

Le lendemain, au matin, les Américains trouvèrent le Passo del Pin courant dans son premier lit.

Personne ne profita d'un travail de quatre mois qui peut-être eût rapporté un million.

Quant à nous, voyant qu'il n'y avait

décidément rien à faire au Passo del Pin, nous retournâmes au camp de Sonora, là où l'alcade nous avait une première fois donné un terrain.

Nous avons déjà dit que la distance du Passo del Pin à Sonora était de trois à quatre lieues.

Nous arrivâmes à onze heures du soir ; nous posâmes notre tente au même endroit où nous l'avions posée déjà, et nous nous occupâmes de notre souper, lequel n'avait pas varié une seule fois, et, à part les extra de gibier, continuait de se composer de jambon et de haricots.

Le lendemain, nous nous décidâmes à travailler à une cagnade nommée le Creuzot ; cette cagnade était taillée dans une espèce de glaise, mêlée de schiste argileux ou d'ardoise qui se présente en feuilles minces et qui se dissout dans l'eau.

Nous pouvions faire là, Tillier et moi, pour quatre-vingts francs d'or à peu près par jour. C'était juste notre dépense, maintenant que nos provisions étaient épuisées où à peu près.

Nous travaillâmes cependant ainsi toute une semaine, du lundi matin au samedi soir.

Le dimanche, jour de repos, tout le monde cesse de travailler aux mines. Nous résolûmes de consacrer à la chasse ce jour de congé.

Mais le gibier, lui aussi, commençait à diminuer et se retirait dans la montagne.

Nous tuâmes cependant deux ou trois faisans et quelques-unes de ces charmantes perdrix huppées dont j'ai déjà parlé.

Le soir, nous rentrâmes attristés de ce que la chasse, elle aussi, menaçait de nous manquer.

A notre retour, nous recueillîmes un pauvre cuisinier français. Il avait déserté d'un bâtiment baleinier, se figurant qu'il n'avait qu'à bêcher la terre pour faire fortune en Californie. Nous commençâmes à redresser ses idées à cet endroit.

Il apportait sa couverture ; c'était tout ce qu'il possédait.

Il profita de nos vivres et de notre chasse pendant quelques jours. D'un autre côté, comme il parlait le mexicain, nous avions jugé qu'il pouvait nous être util.

Ces quelques jours d'épreuves écoulés, son caractère nous convenant, nous le reçûmes sociétaire.

Outre celui d'être notre interprète, il nous rendit un véritable service.

Il nous fit et nous apprit à faire du pain.

Notre pain se pétrissait dans la battée. Comme nous n'avions pas de levure, il fallait bien nous en passer ; nous étendions une couche de braise sur la terre, nous posions notre pain sur cette couche de braise, nous le recouvrions comme nous eussions fait pour des pommes de terre ; le pain cuit, on le grattait pour en faire tomber la cendre.

C'était un pain fort lourd et fort indigeste, mais il y avait une économie à cela : on en mangeait moins.

Aux placers, la farine coûtait 55 sous à 3 fr. la livre.

Le lundi matin, nous nous décidâmes à refaire un trou. Nous gagnâmes la place Yaqui, voisine de l'endroit où nous étions. Nous y trouvâmes cinq ou six cents personnes établies avant nous.

Nous avions été séduits par des échantillons d'or fort beaux qui y avaient été trouvés.

Nous creusâmes un trou. Pendant les quatre premiers pieds, nous trouvâmes une terre grise présentant plutôt le caractère d'un produit volcanique que l'apparence d'une terre proprement dite. Cette terre, nous la connaissions pour être stérile; par conséquent, nous regardions comme chose inutile de la soumettre au lavage.

Après la terre grise apparut la terre rougeâtre, et l'opération du lavage commença.

Après avoir ramassé pour huit piastres d'or à peu près, Tillier trouva tout à coup un lingot qui pouvait peser quatre onces.

C'était quelque chose comme trois cent quatre-vingts francs que nous venions de ramasser d'un seul coup.

Nous nous en payâmes, en signe de réjouissance, une bouteille de bordeaux Saint-Julien qui nous coûta cinq piastres.

Ceci avait lieu le 24 mai.

Cette trouvaille nous avait rendu notre

ardeur première. Nous nous remîmes à piocher de plus belle, et en trois jours nous fîmes entre nous trois pour deux mille quatre cents francs d'or.

Mais le 27 mai au matin, en nous rendant au travail, nous vîmes sur les arbres une circulaire affichée.

Cette circulaire disait qu'à partir de ce jour, 27, aucun étranger ne pourrait creuser qu'en payant au gouvernement américain une prime de vingt piastres par homme travaillant dans un trou.

Dès lors, chacun réfléchit; ce n'était

plus son temps qu'on risquait, c'était une avance, et une avance assez forte même. Notre trou s'avançait et allait bientôt rejoindre les trous voisins. Il nous fallait donner soixante piastres pour le garder ou soixante piastres pour en creuser un autre.

Vers dix heures, comme nous nous consultions sur ce que nous avions à faire, nous aperçûmes une troupe d'Américains armés qui étaient en campagne pour percevoir l'impôt.

Nous refusâmes tous.

Ce fut le signal de la guerre.

Nous étions cent vingt ou cent trente Français à peine.

Mais tous les Mexicains des mines se réunirent à nous, disant qu'eux aussi étaient aussi bien propriétaires du sol que les Américains.

Ils étaient quatre mille à peu près, ce qui, avec d'autres hommes, n'eût pas laissé de faire une force assez imposante, attendu que les Américains en tout étaient deux mille cinq cents ou trois mille au plus.

Ils nous proposèrent d'organiser une

résistance en faisant une armée. On nous offrait, à nous autres Français, les principaux grades dans cette armée.

Malheureusement, ou plutôt heureusement, nous connaissions nos hommes : à la première lutte un peu sérieuse, ils nous eussent abandonnés et tout fût retombé sur nous.

Nous refusâmes.

A partir de ce moment il n'y eut plus aucune sécurité aux placers. Chaque jour on entendait parler, non pas d'un meurtre, mais de trois ou quatre nouveaux meurtres commis soit par des Mexicains, soit par des Américains.

Seulement la façon de procéder était différente.

Les Américains venaient sur le bord des trous, et, sans discussion, tuaient le mineur d'un coup de pistolet.

Le laveur voulait-il venir au secours de son camarade, ils le tuaient d'un coup de carabine.

Le Mexicain, au contraire, — et les Mexicains étaient presque tous de la province de Sonora, — le Mexicain, au contraire, s'approchait en ami, causait, demandait des nouvelles du trou, s'informait s'il était bon ou mauvais, et, tout en causant, tuait celui avec lequel il causait d'un coup de couteau.

Deux de nos compatriotes furent assassinés ainsi, mais par des Américains.

Deux Mexicains voulurent s'attaquer à nous, mais ils furent les mauvais marchands de l'affaire.

Nous les tuâmes tous deux.

Puis, voyant qu'au bout du compte cela devenait une tuerie dans laquelle nous ne pouvions manquer de laisser nos os, nous envoyâmes des messagers à Mormons, à Murphys, à Jamestown, à Jacksonville, pour appeler les Français à notre secours.

Dès le lendemain, trois cent cinquante Français arrivèrent le sac sur le dos et parfaitement armés.

Les Américains, de leur côté, avaient fait un appel aux leurs, et avaient reçu une centaine d'hommes de renfort, venus des placers environnants.

Vers huit heures du soir, le secours français qui nous arrivait nous fit prévenir de sa présence ; il avait établi son camp entre deux montagnes d'où l'on commandait la route. Nous prîmes aussitôt nos armes, et abandonnant nos trous, nous allâmes rejoindre nos compatriotes.

Quelques Américains, plus honnêtes que les autres, ayant donné tort à leurs compatriotes, s'étaient joints à nous. Deux cents Mexicains nous avaient suivis ; le reste, comprenant qu'on allait en venir aux mains, avait disparu.

Alors nous couronnâmes la tête des

deux montagnes qui dominaient la route. Nos trois cent cinquante compatriotes restèrent à cheval sur la route même.

Nous étions sept cents hommes à peu près. La position était bonne ; nous pouvions intercepter indéfiniment les communications avec Stockton.

Plusieurs Américains et des gens de tous pays furent arrêtés.

La nuit se passa à veiller. Le lendemain nous vîmes venir à nous un détachement de cent cinquante Américains à peu près.

Nous nous cachâmes dans les herbes et derrière les arbres ; un poste seulement resta visible derrière les barricades élevées à la hâte sur la route.

Les Américains, se croyant en nombre suffisant pour nous déloger, commencèrent l'attaque.

Alors de tous côtés nous nous levâmes, les deux montagnes s'enflammèrent simultanément, une vingtaine d'Américains tombèrent tués ou blessés.

Le reste s'enfuit à l'instant même, se perdit dans les plaines, s'enfonça dans les bois.

Les fuyards retournèrent à Sonora.

Le lendemain, nous les vîmes reparaître, l'alcade à leur tête et la crosse en l'air.

Ils avaient écrit au gouverneur et attendaient sa réponse.

On convint d'une trêve.

En attendant, chacun fut libre de retourner au travail.

On comprend avec quelles précautions on s'y remit et ce que c'était que cette existence tenant continuellement à un fil.

La lettre attendue arriva; elle confirmait l'impôt de vingt piastres par homme et donnait à l'alcade droit de vie et de mort sur les étrangers.

Il n'y avait pas moyen de demeurer plus longtemps à Sonora. Nous vendîmes tous nos ustensiles et nous achetâmes quelques vivres pour gagner Stockton.

De Stockton nous comptions revenir à San-Francisco. Qu'y ferions-nous ? Nous n'en savions rien.

A Stockton, nous vendîmes nos mules deux cents piastres. Nous fîmes provision de vivres, et nous allâmes retenir nos places dans une chaloupe qui partait pour San-Francisco.

Cette fois nous allions beaucoup plus vite, car nous descendions.

Les rives de Joaquin étaient couvertes de roseaux ; dans ces ruisseaux vivaient pêle-mêle et en innombrables quantité des loups marins et des tortues.

Ces roseaux étaient continués par des bois marécageux, qu'on n'aurait jamais cru être le séjour de la fièvre en les voyant habités par de si charmants oiseaux.

Au delà de ces roseaux et de ces bois s'étendaient de magnifiques prairies, dans lesquelles paissaient d'innombrables troupeaux de bœufs.

De place en place la prairie brûlait.

Y avait-on mis le feu par accident ou par caprice, ou brûlait-elle d'elle-même, embrâsée par l'extrême chaleur ?

Nos conducteurs n'en savaient rien.

La traversée dura trois jours, mais en arrivant à l'embouchure du fleuve, nous éprouvâmes une grande difficulté d'entrer dans la baie; la mer était grosse, nous avions le vent debout et nous ne pouvions vaincre ce double obstacle.

Enfin, nous vainquîmes la difficulté, et le jeudi matin, 22 juin, nous entrâmes à San-Francisco, où nous trouvâmes des quais nouveaux couverts de maisons. Quais et maisons avaient été bâtis en notre absence, qui cependant n'avait duré que quatre mois.

Nous étions morts de fatigue; nous

résolûmes, Tillier et moi, de donner deux ou trois jours au repos, quitte à aviser, après cela, à ce que nous ferions.

Notre camarade le cuisinier était resté aux mines.

FIN DU PREMIER VOLUME.

TABLE

DU PREMIER VOLUME.

Chap. I. Le Départ. 57
II. Du Havre à Valparaiso. 79
III. De Valparaiso à San-Francisco. . . . 101
IV. San-Francisco. 123
V. Le capitaine Sutter 169
VI. Je me fais commissionnaire. . . . 199
VII. Les Placers 237
VIII. La Sierra-Nevada. 259
IX. Les Américains. 285

OLYMPE DE CLÈVES
9 volumes.

CONSCIENCE
5 volumes.

MES MÉMOIRES
10 volumes.

LE VÉLOCE
4 volumes grand in-8, avec gravures.

ANGE PITOU
8 volumes.

LE TROU DE L'ENFER
4 volumes.

DIEU DISPOSE
Suite du *Trou de l'Enfer*. 6 volumes.

HISTOIRE D'UNE COLOMBE
2 volumes.

LOUIS SEIZE
5 volumes.

LES MARIAGES DU PÈRE OLIFUS
5 volumes.

LA FEMME AU COLLIER DE VELOURS
2 volumes.

LES MILLE ET UN FANTOMES
2 volumes.

LA RÉGENCE
2 volumes.

LOUIS QUINZE
5 volumes.

LE COLLIER DE LA REINE
44 volumes.

LA COMTESSE SALISBURY
6 volumes.

Impr. de E. Dépée, à Sceaux.

www.ingramcontent.com/pod-product-compliance
Lightning Source LLC
Chambersburg PA
CBHW060641170426
43199CB00012B/1625